LA MONDIALISATION EN DÉBAT

Les dessous du fond

Junior Kabuika Tshipata

LA MONDIALISATION EN DÉBAT

Les dessous du fond

Préface de Daniel Mukoko Samba

L'Harmattan

Du même auteur chez L'Harmattan

La République Démocratique du Congo dans le monde, 2023, 152 pages.

5-7, rue de l'École polytechnique- 75005 Paris

http://www.librairieharmattan.com

ISBN : 978-2-336-47601-8
EAN : 9782336476018

Préface

Les Etats – nations ont pris corps au terme d'un long processus qui va de la fin du féodalisme à l'émergence du capitalisme. Aussi curieux que cela puisse paraître, la naissance de ces nouveaux ensembles politiques est intimement liée à un mouvement d'expansion territoriale. Entre le quinzième et le dix-neuvième siècles, les puissances émergentes se sont livrées à l'accumulation effrénée des métaux précieux considérés alors comme la mesure de la richesse des nations, dans la plupart des cas en usant de méthodes violentes. C'est la première vague de la mondialisation sous la forme de la domination impériale qui a été théoriquement justifiée par les idées libérales des économistes classiques. La théorie du commerce international proposée par ces derniers et étendue par les néoclassiques, affirme que le commerce enrichit mutuellement les nations et est le principal instrument du mouvement qui fait converger le niveau de bien – être des nations retardées vers celui des nations avancées. A en croire cette théorie, toute nation, se spécialisant dans la production et l'exportation des biens pour lesquels elle a des avantages comparatifs, voit s'améliorer inexorablement le niveau de bien – être de ses citoyens.

Cette prémisse est demeurée le point d'ancrage de toutes les vagues de mondialisation. En postulant que l'enrichissement mutuel des nations par le commerce repose sur la libre circulation des facteurs de production, la théorie introduit l'idée fallacieuse de dilution des frontières nationales. Et pourtant, la mondialisation est, dès le départ, un phénomène qui s'accompagne du renforcement de la puissance des Etats commercialement forts. L'asymétrie des échanges fait dire aux néo-marxistes que le commerce international entre le Nord (le centre) et le Sud (périphérie), ne peut pas être équitable. Ce manque d'équité expliquerait le sous – développement des pays du Sud. Le développement du Centre se nourrit du sous – développement de la périphérie, quels que soient les ajustements proposés dès l'entame de la deuxième vague de mondialisation après la seconde guerre mondiale. Ces ajustements ont pris diverses formes, allant des investissements directs étrangers à l'aide publique au développement et au jeu des organisations internationales (Fonds Monétaire International, Banque Mondiale, Organisation Mondiale du Commerce).

La mondialisation demeure un thème d'actualité, surtout depuis le début de la troisième vague de ce phénomène. Elle est au centre des enjeux interétatiques à cause de sa portée et la rapidité de diffusion des innovations technologiques. Certains la considèrent comme une chance pour les Etats développés tandis que pour d'autres, elle reste une chimère, voire un leurre. Ce phénomène doit être étudié selon une approche pluridimensionnelle, d'abord, parce qu'en tant que phénomène touchant à la nature de l'Etat, la mondialisation ne peut point être abordée en éludant la question de la souveraineté de ce dernier.

La souveraineté, comme capacité d'agir à l'intérieur et à l'extérieur dans le sens de l'autodétermination à disposer de soi – même, reste une notion relative tenant compte du droit international et de la capacité plurielle d'un Etat à se prendre en charge. Cette notion renvoie à celle de la force ou de la puissance conférant par le fait de droit. Ensuite, parce que les nouvelles formes de la diffusion des effets de la mondialisation embrassent des facteurs sociologiques et anthropologiques.

Sans grandiloquence et, avec un style limpide, le Professeur Junior Kabuika démontre que, si hier, les avantages de la mondialisation sont restés concentrer entre les Etats pourvoyeurs des idéologies, d'autres puissances ont su tirer leur épingle du jeu, obligeant les anciens faiseurs des lois à se chercher de nouveaux repères dans un monde de plus en plus multipolaire. Par ailleurs, malgré la prolifération des accords régionaux et commerciaux transocéaniques, on assiste dans les anciennes puissances à l'émergence des mouvements (*Brexit*, *America first*) qui remettent la mondialisation en cause au profit des causes nationales.

Tout en se voulant pédagogique, cet ouvrage exploite beaucoup d'éléments, sur le plan pratique, permettant de concilier la question de la souveraineté d'Etat au sein de la mondialisation. Lorsque l'auteur traite de l'Etat, il ne le place pas seulement au titre de l'espace territorial avec une population attachée mais, il l'aborde dans la dimension de la puissance. C'est donc au travers de cette puissance qu'un Etat peut faire valoir, non seulement, sa souveraineté et surtout son instinct de survie. Devant le danger et la peur à la disparition, il invite à la construction d'un Etat fort après s'être identifié et avoir identifié ses forces et faiblesses.

Notant que les rapports entre les Etats, dans le monde, sont inégaux, l'auteur présente l'Etat responsable et non extractif, comme l'acteur pouvant renverser la pyramide. Et ceci passe par la mise en place des institutions incluses et qualificatives dotées des pouvoirs centralisateurs capables de faire fédérer les uns et les autres autour d'une commune vision vers des objectifs voulus et souhaités.

Plein d'informations utiles, l'ouvrage interpelle l'intelligentsia sur l'épineuse problématique de la survie de l'Etat. Il ouvre la voie vers une autre compréhension de la réalité mondiale, à partir de la remise en question des idéologies dominantes souvent présentées comme imposables à toutes les sociétés de manière standardisée. Et pourtant, tout en s'ouvrant au monde, la Chine a bâti sa puissance sur des préceptes d'origine confucéenne. L'Asie offre bien d'autres exemples similaires. Pur produit de la mondialisation à l'aube du XXème siècle, la RDC doit se choisir une voie dans le tourment d'une compétition internationale féroce. Seule, la rationalité technoscientifique moderne peut aider la RDC à sortir de sa marche brumeuse actuelle, en identifiant d'où nous venons, où nous sommes et où devrions – nous être, et quels en sont les enjeux du nouveau contexte. Voilà une fois de plus, l'exercice dans lequel l'auteur nous plonge, en nous invitant à la responsabilisation sans pour autant méconnaître la part douloureuse des acteurs extérieurs.

Kinshasa, 2024

Daniel Mukoko Samba

Economiste –Professeur Ordinaire/ Université de Kinshasa

Introduction

La souveraineté des Etats suppose un pouvoir au- dessus duquel aucune puissance ne peut subsister. Mais, dans un système mondialisé, cette souveraineté fait l'objet d'intenses attaques. A cela, l'Etat – nation devra adapter son rôle et ses fonctions face à ce nouvel enjeu.

La mondialisation est avantageuse et désavantageuse en même temps. Il s'agit d'un processus créant des inégalités sociales. Elle favorise certains au détriment des autres. Certains sont dans le monde détenant tous les moyens de concurrence et d'autres dans le non – monde ne faisant qu'observer impuissamment la concurrence car, dépourvus de moyens pour participer activement. De ce fait, la responsabilisation restructurée de l'Etat s'avère impérieuse afin de préserver sa souveraineté.

Bien que limitée par certains principes acceptés et bien connus, la souveraineté des Etas n'est toujours pas respectée à la suite du phénomène de la mondialisation. Celle – ci apparaît comme une nouvelle forme et grille de domination des Etats du Sud par ceux du Nord. Dans la catégorie même des Etats dits du nord, des inquiétudes tournent autour de l'hyperpuissance américaine sur les autres puissances.

Il se crée ainsi deux pôles évoluant tous dans le système – monde de compétition permanente. D'un côté, les Etats du Sud regroupés hors monde et marginalisés de ce phénomène et ceux du Nord au sein du monde et inclus. Economiciste et antisociale, la mondialisation entretient des inégalités et risque de renvoyer les Etats – nations au dépérissement laissant ainsi le marché, avec toutes ses bagatelles de soumissions, diriger les affaires régaliennes. Telle est la vision du monde à l'américaine que la France, avec le Président Emmanuel Macron, tenta d'imposer, mais sans succès et causant d'énormes résistances de la part des citoyens recourant aux mêmes méthodes (pillages, casses, force disproportionnée de la de la police, ...) que celles des pays dits fragiles. Face à la montée de puissance des *gilets jaunes*, ne peut – elle pas aussi être qualifiée de fragile ? Après la victoire capitaliste sur le communisme, suite à la fin de la guerre froide, ayant conduit à l'unipolarité de la planète autour des USA, et avec l'émergence de nouvelles forces, ils demeurent puissants mais tenus de s'adapter face au nouveau contexte mondial globalisé et globalisant. C'est ce qui conduisit le Président américain Donald Trump de revisiter *la politique américaine* face aux réalités désastreuses engendrées par la mondialisation qui, pourtant, a été leur œuvre, en s'axant sur le déterminisme de l'Etat.

Il est à constater que la mondialisation s'est émancipée au travers de différents événements tant politiques, économiques que culturels qu'a connus le monde. Ceci, en rapport aussi avec le boom démographique mondial. D'où, émergence de rapports entre humains de la planète entretenus par l'avancée technologique.

Le bilan de la mondialisation reste disproportionné selon que l'on se retrouve dans l'axe du monde puissant ou du non – monde soumis. Les pays industrialisés, pour la plupart faisant partie du monde actif, voient la mondialisation de manière positive. Par contre, ceux, inactifs, faisant partie du non – monde, voient les inégalités bien entretenues par ce phénomène.

Bien que la mondialisation apporte un développement, en ce qui concerne le transfert de la technologie, mais ses inconvénients sont plutôt de dimension incalculable dans les pays du Sud. Ces derniers touchent directement les capacités souveraines de l'Etat où de plus en plus les marchés américains jouent un rôle très considérable.

C'est ici aussi où que l'on tente de substituer l'Etat aux ONGs. Dépourvues des capacités réelles et d'assises légitimes, les interventions de ces dernières ne sont que partisanes et orientées en faveur de leurs donateurs. Car, pour la plupart occidentales ! Ainsi, l'on constate comment la souveraineté des Etats surtout du Sud est sapée dans un climat mondialisé.

Ce système – monde influençant en même temps les pays du monde et ceux du non – monde est l'œuvre plus de ceux étant dans le monde. Ainsi, les puissants Etats, comme les USA, le Japon, la France et bien d'autres émergents dont la Chine, arrivent à imposer une nouvelle donne mondialisée.

A leur côté, la puissante organisation mondiale (ONU), au travers de ses instruments économiques et financiers (OMC, FMI, Banque mondiale) et d'autres firmes multinationales participent à la captation de la souveraineté des Etats du Sud dont fait partie la RDC.

La répartition des revenus en est une autre façon d'évaluation du système – monde. Les différents flux entre Etats ont de degrés divers d'affectation de la vie des Etats. Ce sont donc les Etats du Centre qui bénéficient plus de ces différents flux pour leur compétitivité où du reste, les Etats faisant partie de la périphérie sont écartés, notamment, par leur faible capacité de la mobilisation des capitaux.

Dans cet environnement de concurrence, la loi du marché est plus mise au – devant réduisant les interventions de l'Etat. Ainsi, la mondialisation a favorisé la prospérité au sein des Etats inclus au détriment des exclus. De ce fait, le rôle de l'Etat devra être renforcé, érigeant ainsi des institutions fortes, stables et capables de participer à la gouvernance mondiale. Lequel « *rôle reste décisif dans l'édification de toute société. Il façonne la société et, par des structures appropriées, marque de son empreinte les mentalités et les pratiques collectives* ».

Traiter de la problématique relative à la souveraineté des Etats intégrés dans le système- monde, faire un état des lieux et proposer quelques voies de sortie, placer les repères théoriques y relatifs et nécessaires ; c'est dans ce cadre que s'inscrit la présente étude faisant ressortir les vues de part et d'autre sur la littérature en rapport avec la mondialisation et la souveraineté des Etats. Ce, avant de dégager la relation Etat – Mondialisation pour aboutir à quelques politiques de riposte.

Ces lignes sont organisées autour de certaines problématiques. En effet, la mondialisation, phénomène intéressant diverses Nations, présente plusieurs interrogations. Comment les Etats du Sud, en général, dont fait partie la RDC, en particulier, se voient empiétés leur souveraineté dans le système où ils font partie des exclus ?

Ainsi, dans un monde aujourd'hui, à l'américaine avec de nouvelles forces émergentes aussi capitalistes à leur manière, les Etats – nations doivent se consolider et réduire le rapport de vassalité envers les Etats de domination du Nord. Ceci passera par la responsabilisation qualifiée des dirigeants sur base d'un contrat à respecter et à rendre au souverain primaire, détenteur du pouvoir. Cela, dans le souci de préserver la souveraineté qui, donc est suprême.

Aussi, l'égalité souveraine des Etats passe tout de même par la respectabilité d'un Etat sur la scène des relations internationales. D'où le renforcement des capacités régaliennes. Tout ceci permettra aux Etats dits faibles d'avoir une part importante dans les organisations internationales après leur restructuration voire même du Conseil de Sécurité de l'ONU. Et en même temps, la conséquence sera celle de profiter de toutes les relations qu'elle aura à tisser.

La mondialisation est un phénomène asymétrique et crée des inégalités de toute nature. Afin de permettre aux Etats (RDC, en particulier) de garantir leur souveraineté, il est impérieux de concilier la mondialisation à la souveraineté des Etats au travers d'une grille reprenant quelques pistes de sortie.

Par ailleurs, mes analyses sur l'impact de la mondialisation ont pour ancrages la République Démocratique du Congo, un pays du tiers – monde. Je sais cependant que mes cogitations peuvent se vérifier ailleurs. Je n'ai pas la prétention d'épuiser le débat sur la question de la mondialisation. Les apports des autres sont utiles et souhaitables pour enrichir la réflexion.

Ma démarche est réflexive et critique, enrichie par l'expérience du vécu dans les pays dits sous – développés. En effet, les notions relatives aux principes de la souveraineté des Etats, pour une meilleure compréhension, avant d'aboutir au contexte africain, sont explicitées à la suite des vues dégagées par différents auteurs sur la problématique de la mondialisation, elle- même, étudiée aux cas de la convoitise au sein du système – monde sous une gouvernance mondiale où le rôle des institutions financières internationales n'est plus à démontrer. A partir ainsi des différentes théories en rapport avec la mondialisation et les principes de la souveraineté, j'ai établi le rapport existentiel entre, d'une part, l'Etat – nation et la mondialisation, d'autre part, conduisant non seulement à dégager le bilan de la mondialisation et à la placer surtout dans ses différents contextes.

Le texte est organisé en différents points. Le premier a pour pierre de touche la mondialisation : vue d'ici et vue d'ailleurs. Le second a pour matrice les effets de la mondialisation. Le troisième porte sur la souveraineté des Etats : notions et principes. Le quatrième se corse sur Etat et principes. Le cinquième point a pour objet autour des bilans et contextes de la mondialisation : processus asymétrique ? Le dernier point se centre sur les politiques de riposte face à la mondialisation.

I.
Mondialisation : vue d'ici, vue d'ailleurs

Ce premier point a pour matrice la mondialisation : vue d'ici, vue d'ailleurs.

En effet, la problématique autour de la mondialisation revêt plusieurs contours selon qu'on fait partie de tel ou tel autre stade de développement et tenant compte du paradigme qui oriente toute réflexion. C'est pourquoi, il est utile, à ce niveau de débats, de placer, sans prétendre à l'exhaustivité, quelques idées en rapport avec leur cadre contextuel. Cette étape importante, dans toute conduite scientifique, oriente vers la quête de la vérité, en vue de dévoiler ce qui est interdit à tout esprit peu fécond. La complexité systémique de la mondialisation conduit inévitablement au conflit de souveraineté (sinon à sa captation) que détiennent les Etats, en général, et ceux du Sud, en particulier (avec cas de la République Démocratique du Congo).

J'analyse les études sur la problématique de la souveraineté de la République Démocratique du Congo intégrée dans une Afrique convoitée, celles portant sur la gouvernance mondiale dans le contexte de la mondialisation, sur les institutions financières internationales et enfin la spécificité du cas africain.

1.1. Etudes sur la problématique de la souveraineté de la RDC intégrée dans une Afrique convoitée

Les différents travaux réalisés, à ce niveau, reprennent essentiellement les questions ayant trait à la recherche d'une puissance africaine. Ils démontrent comment l'Afrique et la RDC font l'objet de convoitises par des forces occidentales et sujettes de domination les rendant incapables de sauvegarder la souveraineté.

Au travers des sources historiques, Biyoya P.,[1] analyse rigoureusement la position de la République Démocratique du Congo et de l'Afrique dans le monde, depuis la guerre froide jusqu'aux structures de la mondialisation actuelle.

En effet, l'Afrique est née de la politique internationale militarisée. C'est ce qui fit d'elle objet des relations internationales dominées par l'Europe au XIXème siècle. L'Afrique postcoloniale, réputée indépendante et souveraine, fut dominée par la rivalité idéologique et stratégique américano-soviétique. Elle fut en même temps soumise à la logique de l'équilibre de la terreur et de la dissuasion nucléaire et dont l'avenir était suspendu à la perspective de la guerre nucléaire. Face à cela, « *l'Afrique, pour jouer un rôle responsable et respectable dans pareil contexte,* l'auteur précise, *qu'elle n'aurait pas dû se contenter de dénoncer et de moraliser, ou de se tenir à l'écart sans possibilité d'influence suffisante* ». Le choix stratégique qui s'imposait n'aurait pas dû être celui d'un monde idéal respectueux des jeunes indépendances chèrement acquises. Mais, celui plutôt de vivre dans le monde tel qu'il était à l'accession à l'indépendance.

L'indépendance africaine n'avait de sens que dans la mesure où elle contribuerait à la préservation ou non de l'équilibre de force des puissances l'ayant engendrée. Dans la mesure où l'anticolonialisme américano-soviétique établissait un nouveau rapport des forces au détriment de l'Europe ruinée par la deuxième guerre mondiale et que l'Europe refusait un partenariat international avec les nouvelles puissances du monde dans les conditions de faiblesse et d'impuissance puisque dépourvues des atouts coloniaux. L'Afrique indépendante aurait dû se déterminer par rapport à cette nouvelle contrainte stratégique.

La question à laquelle la réponse est attendue était celle de savoir comment échapper à la colonisation et à la chosification des anciennes colonies. Et comment éviter que la

---

[1] BIYOYA Philippe, *Quête africaine de l'ordre mondial. Portée et limites des voies d'insertion au système international du monde bipolaire,* L'Harmattan, Paris, 2014.

décolonisation obtenue par la faveur des nouvelles grandes puissances et pour le besoin du nouvel équilibre international ne fusse pas l'occasion d'une nouvelle et autre colonisation idéologique et même stratégique.

De quelle marge de manœuvres disposaient les nouveaux Etats africains qui allaient construire et défendre leur souveraineté dans les enceintes onusiennes submergées par la guerre froide ? Le débat sur l'inutilité des armées en Afrique initiée par l'Assemblée Générale de l'Organisation des Nations Unies en 1960 par l'Administration américaine, aurait dû servir de déclic et éveiller l'attention africaine. La réponse qui y était apportée n'a malheureusement pas été assez conséquente. Il fallait des armées en Afrique pour participer aux relations internationales de la guerre froide. Tout fut fait pour bloquer la souveraineté des Etats africains.

Les nouveaux Etats africains avaient besoin, pour participer aux relations internationales de la guerre froide, de liberté et d'autonomie car, le pacte colonial qui les inféodait aux diktats de puissances leur déniait cette identité géopolitique et stratégique.

Eu égard à ce qui précède, l'auteur propose que l'Afrique abandonne son angélisme et son neutralisme philosophique pour voir le monde tel qu'il est et se préparer à relever le défi de la permanence du risque de la guerre dans les relations internationales. Car, dans le monde post – blocs, monde global de la mondialisation des économies et de la globalisation des sociétés, le monde en basculement est un monde de partage des responsabilités internationales sous la pression des risques permanents des guerres. Le désordre mondial institutionnel oblige chaque Etat, chaque partenaire à cultiver un sens aigu du risque permanent, non seulement, de guerre, mais de périls de tous ordres. Ce, contrairement au spectre de l'ordre international du consensus des superpuissances et du consensus de la doctrine de légitimité internationale, ayant servi d'excuse à l'Afrique et aux non – alignés par rapport aux risques permanents de guerre nucléaire.

Les Africains ont ainsi l'obligation de développer leur capacité d'action car, c'est uniquement lorsque les pays ont accepté l'existence des conflits et qu'ils ont cherché à les gérer grâce à un système d'équilibre des pouvoirs, que des périodes de paix ont pu s'installer. Il est donc question de revenir à la question de la nécessité des armées nationales en Afrique.

« *L'Afrique a, aujourd'hui, le devoir* précise l'auteur, *de penser la guerre dans sa relation avec la politique dont elle dépend. Elle doit assurer la sécurité et la défense du territoire ainsi que la protection des libertés des personnes et des biens. Cette charge revient également aux élites à mobiliser les capacités afin de relever les défis. A l'intérieur, c'est le défi du maintien de l'unité et de la force d'un peuple, d'une culture. A l'extérieur, le défi de l'intégrité des frontières et de reconnaissance d'une supériorité qui soit dissuasive pour l'ennemi* ».

A ce sujet, les réflexions – force de Bongeli E.,[1] traitent de la problématique de la construction de la Nation congolaise sur les cendres du Congo –belge, lui – même, inventé comme Etat Indépendant du Congo, propriété privée de son fondateur, Léopold II, Roi des belges.

L'inventeur de l'actuel Congo avait instauré son système basé sur une tyrannie justifiée par le contexte de l'époque, la petitesse de son royaume face à une colonie géante, encore mal connue par une Belgique sceptique face à l'aventurisme du roi visionnaire, la nécessité d'exploiter les nombreuses ressources par la cueillette d'abord, puis par l'agro – industrie et l'extraction minière au profit de l'enrichissement et l'embellissement de la métropole.

La colonie – propriété du Roi avant, enfin d'être abandonnée comme pomme chaude aux autochtones sybarites fut, ensuite, léguée en héritage au Royaume qui, réticent dans un premier temps, finira vite par relayer l'action du Roi prospectiviste, en son temps, avec la tyrannie relativement mieux bridée, en maintenant les colonies hors de la civilisation nouvelle (pas d'élite, pas d'ennui), les divisant de manière

---

[1] BONGELI Emile, *D'un Etat bébé à un Etat responsable,* L'Harmattan, Paris, 2008.

adroite, les rassemblant pour les besoins de la cause. Bref, les manipulant pour des fins diverses.

Ce Congo profita des vagues d'indépendances pour s'émanciper trop tôt aux yeux des observateurs dont le plus pertinent, le Belge Van Bilsen, prévoyait trente ans de préparation à l'indépendance cinq ans plus tôt. Cette indépendance acquise, de manière plus ou cavalière, sera à l'origine de plusieurs incidents heureux et/ou malheureux qui ont émaillé son étonnante histoire.

Dès lors, le peuple congolais a été soumis à des épreuves que très peu de peuples du monde ont connues. Pour ne citer qu'un exemple, le pays a payé lourd, très lourd, la facture de la guerre froide, sa position stratégique ayant fait de lui le bouclier de l'anticommunisme menaçant. Cela lui a valu le maintien d'un régime insupportable durant plus de trois décennies, régime qui a considérablement et systématiquement détruit le pays. Comme si cela ne suffisait pas, les mêmes puissances, victorieuses de la guerre froide ont mis tous les moyens à la disposition des voisins pour déstabiliser, voire balkaniser la grande RDC. Des intellectuels et hommes politiques congolais ont été manipulés, à cet effet, et ont activement participé, consciemment ou pas, à la destruction du pays.

En effet, la RDC est toujours là, unie dans une diversité indescriptible, malgré les poches de résistance qui continuent à mener des combats, sans doute, d'arrière – garde. Tous les pronostics avancés ainsi que toutes les planifications de balkanisation élaborées, avec certitudes mathématiques, se sont toujours révélés mensongers. Le Congo incertain est encore plus certain, toujours sauvé (surtout pas par ses élites) de justesse, déjouant miraculeusement les augures les plus apocalyptiques.

La RDC est restée le seul pays au monde où les Institutions Financières Internationales voire même l'ONU, au travers de son importante mission que l'humanité ait connue, décriées partout à la suite des échecs répétés de ses cures mortelles pour les économies périphériques, peuvent encore trouver des fanatiques au sens le plus strict du terme. La Belgique, elle, reste au – dessus de tout soupçon, sentiment de gratitude oblige : le mythe du Belge infaillible continue de hanter les esprits. Elle a beau présenté des signes de fissures irréparables, honte de l'Europe qui ne doit plus sa survie qu'au fait d'offrir la capitale à la puissante et très solide Union Européenne, rien n'y fut fait. De part et d'autre, la conviction se fortifie, la mentalité coloniale se renforce : la certitude que la Belgique sait, mieux que l'ancienne colonie, ce qui est bon pour cette dernière dont la clé du développement se trouverait toujours détenue par l'intouchable métropole.

« *Ce pays,* précise l'auteur, *n'a connu que la prédation (blanche et noire) avant son existence comme Etat – Nation jusqu'à ce jour, et refuse de mourir. Il faut donc le consolider, l'ériger en Nation unie, forte et prospère. Tel est le vrai défi* ».

Toutes les réflexions ont un fond commun ; la recherche des voies d'issue pour assurer le passage d'un Etat – bébé a un Etat congolais responsable. Il faut, pour ce faire, aligner des politiques publiques adaptées à sa situation particulière, se détourner des recettes politiques et financières internationales ou, mieux, internationalisées par la force brutale à travers l'idéologie, la science, et plus particulièrement, la science économique occidentale *inadaptée* et la technologie.

Analysant ainsi les multiples facettes souvent occultées de la mondialisation, comme stade rêvé ultime de la domination du monde par les Etats – Unis d'Amérique, assistés par les pays occidentaux (puissances européennes et le Japon), le même auteur,[1] dans une autre réflexion, révèle les connaissances accessibles et susceptibles d'aider à la compréhension du phénomène mondialisation/globalisation. Ces mêmes puissances, bien qu'alliées, ne partagent pas nécessairement tous les points de vue du maître américain et subissent, elles aussi, le diktat du leader naturel américain. De ce fait, les USA ont mis sur pied des mécanismes fort complexes pour parvenir à leurs fins.

« *Cependant,* soutient l'auteur, *certains pays ont réussi à utiliser l'arme du dominant (la science et la technologie) pour*

---

[1] BONGELI, Emile, *La mondialisation, l'Occident et le Congo – Kinshasa*, l'Harmattan, Paris, 2011.

se libérer de leur joug. Il s'agit notamment des pays dits émergents gonflant ainsi le nombre des pays les plus puissants. Ils font, de ce fait, leur entrée méritée (Chine, devenue deuxième puissance économique) dans le cercle jusque – là réservé du G8 devenu G20 par la force des choses. La mise sur pied, en Avril 2011 à Sanya (Chine), de l'ensemble géopolitique BRICS (Brésil – Russie – Inde – Chine – République Sud – Africaine), tout en étant loin de valoir le potentiel occidental, ne manquera pas de contrebalancer, quelque peu, l'ardeur fanatique des partisans de la fin des idéologies ».

L'auteur démontre que l'Occident est devenu moins maître du monde qu'il ne l'était à la fin du millénaire passé. Cet état des choses est remarquable, par exemple, par la tournure prise par la guerre en Syrie et autour du pouvoir au Venezuela grâce à l'implication russe, dans les élections présidentielles aux USA, la guerre économique entretenue par le Président américain Donald Trump contre la montante Chine, les contradictions entre l'Italie et la France autour des demandes sociales en France (gilets jaunes)… Le monde est devenu moins unipolaire qu'il y a quelques années. Les signes de fatigue et d'épuisement caractérisent, aujourd'hui, ceux qui ont toujours été les seuls maîtres de l'humanité. Ils s'agitent dans une sorte d'ambiance de fin de règne hégémonique. Il y a, de ce fait, des opportunités nouvelles qui s'offrent aux peuples encore trop soumis et qui peinent à s'émanciper et à s'épanouir dans un environnement international en mutation rapide.

En ce qui concerne la République Démocratique du Congo, l'auteur décrit les différents procédés (guerres à répétition, exploitation systématique des richesses, fragilisation politique, formatage de l'élite, inversion des valeurs, interférences et ingérences politiques perpétuelles) utilisés par l'Occident pour bloquer systématiquement toute velléité d'autonomisation. Les déboires actuels ont été placés dans leur contexte réel, celui d'un système international dit « *Système – monde* ». Celui – ci regroupe, d'une part, l'Occident et ses alliés ; et les pays soumis à la domination, d'autre part. Cependant, pour les Africains en général, continuer à se lamenter, relève de cette attitude puérile relevée par le colonisateur et qui a permis à ce dernier de perpétuer sa domination physique et mentale (spirituelle) plusieurs années après l'indépendance.

Comment donc affronter ce défi ? L'action politique reste donc indispensable. L'Etat ne peut, sous aucun prétexte, lésiner sur les moyens. L'argent public doit être dépensé utilement pour générer le développement. Bloquer l'argent ou restreindre aveuglement les dépenses de l'Etat, pour plaire aux Institutions Financières Internationales, constitue une attitude irresponsable qui fait des responsables politiques de véritables fossoyeurs des Nations entières, les leurs propres.

Pour ce faire, on devra aussi tenir compte des pays qui comptent et pèsent, avec en ligne de mire l'hyperpuissance réelle (USA) et les superpuissances émergentes (BRICS) aux visées hégémonistes, mais aussi ne pas négliger les grandes puissances occidentales (Allemagne, France, Grande – Bretagne) de même que la Belgique (ancienne puissance coloniale qui peut nuire). Tous ces pays cherchent, aujourd'hui, à se positionner dans le nouveau monde. Dans la série, il ne faut pas oublier les différentes nations influentes, dont, en Afrique, la République Sud – Africaine.

Dans un ouvrage collectif, Kankuenda J. et Mukoka F.,[1] relèvent que la République Démocratique du Congo est considérée, dans le concert des nations, comme un Etat en faillite ou fragile. La vraie question posée, ayant conduit les analyses, n'était pas celle de savoir à quoi sert un tel Etat, mais plutôt, à qui profite cette impuissance étatique, et qui en est le véritable commanditaire ?

Selon les auteurs, lorsqu'on parle des guerres de l'Est de la RDC, et contrairement à ceux qui croient que les Congolais sont naïfs, « *ces derniers voient derrière ces guerres l'objectif, le complot et la menace de balkanisation de leur pays. Des penseurs évoquaient depuis longtemps l'image de la Yougoslavie, et parlaient déjà des projets de yougoslavisation*

---

[1] KANKUENDA J. et MUKOKA F. (sous la direction de), *La République Démocratique du Congo face au complot de balkanisation et d'implosion*, ICREDES, Kinshasa – Montréal – Washington, 2013.

de la RDC dans les officines et laboratoires politiques de certains états – majors occidentaux, relayés dans la région par quelques acteurs bien identifiables ». Guerres de l'Est de la RDC et complot de sa balkanisation ne sont donc pas indissociables. Ces guerres se situent donc dans la stratégie de balkanisation, sans doute, en commençant par l'Est, ventre mou du dispositif politique et de la gouvernance, premier rouage, et enjeu stratégique en direction de cette balkanisation.

Comprendre les tenants et aboutissants des guerres de l'Est de la RDC est, sans doute, un pas important dans la recherche des solutions à ces dernières et, notamment, dans la défense de la Nation et de l'intégrité du territoire congolais, face aux coalitions et trahisons internes et externes de soi – disant amis internationaux et régionaux. Tout en démontrant les mécanismes, le chemin parcouru, la stratégie et la dynamique de la mise en œuvre progressive de la balkanisation de la RDC, les acteurs et ingénieurs, les agents qui en sont les exécuteurs complices et/ou pions naïfs sur un échiquier qu'ils ne maîtrisent pas, les pertinentes réflexions ainsi contenues abordent les questions cruciales pour les Congolais. Que faire, par où commencer, avec quelle stratégie, quels moyens, quels acteurs ?

Ce livre interpellateur avec aussi les auteurs critiques, mobilisent les décideurs et acteurs politiques – le Gouvernement – le Parlement, en premier lieu, malgré leur semblant de naïveté, de résignation et/ou de complicité, les partis politiques, les organisations de la société civile, les acteurs du secteur privé, les élites religieuses et intellectuelles, les artistes et autres leaders d'opinion… à une action conjuguée, ferme et véhémente pour, non pas seulement dénoncer le complot et ses acteurs externes et complices internes, mais surtout, s'opposer à ce complot par tous les moyens envisageables.

Dans une étude remarquable axée sur la région des grands lacs africains, Mulungula E.,[1] écrit ceci : « *La région des grands lacs s'est, au fil des décennies, illustrée par des cycles*

---

[1] MULUNGULA E., *Les enjeux des conflits dans la région des grands lacs. Des indépendances à nos jours*, COMPODOR, Kinshasa, 2008.

de violence à répétition, la rendant, par elle – même, un point focal des intérêts divergents ». Le conflit qui a ensanglanté l'espace des Grands lacs a connu une tournure particulière dès le début des années 1990, bien que d'autres scènes de violences aient précédé cette date dans chacun des trois pays, à des périodes différentes.

Les pays, particulièrement, concernés par ces conflits sont les trois anciennes colonies belges, à savoir : le Rwanda, le Burundi et la République Démocratique du Congo et dans une certaine mesure l'Ouganda (ancienne colonie britannique). Ces pays, liés par l'histoire coloniale, constituent la substance des analyses de cet auteur. Il aboutit à l'identification et à l'analyse systématique des problèmes qui s'y posent en passant par les divers mécanismes mis sur pied pour leurs résolutions et enfin, il propose un apport pour une paix durable au sein de la région.

Les enjeux qui sous- tendent les conflits dans les trois pays (dans une certaine mesure dans le quatrième) sont de plusieurs ordres et requièrent, de ce fait, une compréhension plurielle afin de pouvoir mieux les cerner en vue de dégager des solutions idoines pour une paix véritablement durable.

Les origines et les causes des conflits dans la région des grands lacs s'enchevêtrent et toute solution, de quelque nature que ce soit, devrait en amont qu'en aval, ne laissant à l'écart aucun élément. Car, toute négligence peut, à n'importe quel moment, faire exploser la région et l'embraser. Elles requièrent d'être cernées et comprises dans leur spécificité et leur globalité. Ceci permettra de mieux connaître les soubassements des conflits pour être en mesure d'en proposer des pistes de solutions adaptées aux contextes dans lesquels les conflits se déroulent. Ces derniers se déroulent, bien entendu, sur le sol de chacun des pays. Il est observé cependant, que le conflit rwandais a été exporté en République Démocratique du Congo causant des ravages indescriptibles au sein des populations hôtes, victimes collatérales des massacres et tueries. Que ce soit au Rwanda, au Burundi ou encore en République Démocratique du Congo (voire même en Ouganda), les processus devant aboutir à la paix n'ont pas été des simples parcours linéaires. Les mécanismes mis en place, pour résoudre les conflits autant que les processus de paix eux – mêmes, ont été de véritables chemins de la croix.

« Les conflits ayant endeuillé les populations et déstructuré le fonctionnement des Etats de la région des grands lacs, dès l'aube des indépendances à nos jours, précise l'auteur, *feront parler d'eux. Car, les enjeux qui en constituent la trame présentent tant d'inconnus que la pacification de la région passe nécessairement par l'examen minutieux de chacun de ces inconnus et de leurs répercussions virtuelles ou/et réelles sur les habitants et sur l'espace inter lacustre ».*

L'auteur soutient qu'une paix durable, dans la région des grands lacs, devrait être tributaire d'un certain nombre d'approches favorables à une stabilité certaine de la région. Cette stabilité passe par une compréhension politique et diplomatique des problèmes qui se posent. L'on devra, pour ce faire, apporter des solutions à la fois durables et bénéficier d'une adhésion concertée de toutes les parties directement et/ou indirectement impliquées dans lesdits conflits.

La paix durable, dans la région des grands lacs, requiert également que soit pris en compte le volet socio – économique car, le bien – être des populations en dépend. Les stratégies en termes d'amélioration de la qualité de la vie des populations devraient, ici, se focaliser sur l'investissement dans les projets qui promeuvent la solidarité entre les peuples de la région et concourent à une connaissance approfondie des uns et des autres. Les échanges pourraient alors favoriser le développement. Cela à une condition, celle d'avoir des produits à échanger car, dans le cas contraire, l'on enregistrera aussi le contraire.

Les échanges commerciaux et tout autre investissement devraient, dans le contexte d'une paix durable, servir à promouvoir un marché intérieur redynamisé et susceptible d'enclencher des conditions pour un développement durable. L'intégration régionale, en termes d'échanges commerciaux, devrait être matérialisée car les avantages qu'elle offre sont, à plus d'un titre, porteurs de confiance et d'espoir pour un mieux – être des peuples de la région.

L'auteur insiste aussi sur la nécessité de la défense et de la sécurité. En effet, celles – ci, quoi qu'on en parle peu ou pas, demeurent la pierre angulaire pour une paix durable dans la région des grands lacs. C'est en faisant, comme l'a précisé Philippe Biyoya, de la défense et de la sécurité, une réalité vivante que les pays de la région pourront, individuellement et collectivement, se lancer sur la voie de développement et se libérer du joug occidental.

En effet, la centralité de la République Démocratique du Congo est un atout majeur qui lui donne la latitude de peser de tout son poids sur ses différents voisins. Ceci lui permettra d'exercer sur eux une influence quasi déterminante dans bien de domaines (sécurité, économique, socio-culturel...) qui assureront son leadership effectif.

Il est indubitablement vrai que pour que la paix durable devienne une réalité incontestable dans la région des grands lacs, la République Démocratique du Congo devrait, au regard des potentialités qu'elle regorge, jouer pleinement son rôle géostratégique. Car, il est au cœur même des enjeux et les défis à relever sont de taille. C'est à ce prix – et à ce prix seulement que la paix, précise l'auteur, sera durable et enclenchera le processus de développement dans la région des grands lacs.

Pour avoir longtemps œuvré dans le secteur de la défense et sécurité, Ngbanda H.,[1] aborde dans un livre révélateur essentiellement les questions sur les vérités du complot international sur ce qu'était devenue République Démocratique du Congo.

L'auteur tient à préciser « *que depuis la chute du Président Mobutu, en 1997, le Zaïre, plutôt l'Afrique centrale, vit un cycle infernal de guerres, de pillages et de trafics en tous genres* ». Pour ce faire, il se pose maintes interrogations : Pourquoi ces conflits et ce chaos indescriptible ? Pourquoi plusieurs rapports de l'ONU sur le pillage des ressources minières en RDC restent sans effet ?

---

[1] NGBANDA Honoré, *Crimes organisés en Afrique centrale. Révélations sur les réseaux rwandais et occidentaux*, Duboiris, Paris, 2004.

Dans ce livre tout de même exceptionnel, l'auteur, ex-ministre de la Défense et ancien Conseiller spécial du Maréchal, lève le voile sur les réseaux occultes, les multinationales et les Chefs d'Etat qui se livrent à la prédation minière, au financement de l'instabilité et de la pauvreté en Afrique centrale.

« *De la nébuleuse rwandaise à la Compagnie minière American Mineral Fiels Inc, basée en Arkansas, fief de Bill Clinton (ancien président américain), en passant par la Gecamines dirigée, à l'époque, par le représentant personnel du président zimbabwéen Robert Mugabe,* l'auteur dénonce, à la suite de Justin Kankwenda et François Mukoka, *un complot international qui trouve son origine dans le génocide du Rwanda et le programme américain de l'Africa New Opportunities Act signé en 1995 par Bill Clinton* ». Documents et preuves à l'appui, l'ancien homme de confiance du Maréchal Mobutu montre comment le chef de l'Etat rwandais, Paul Kagame, est devenu le meneur d'un plan d'occupation et d'extermination des populations civiles à l'Est de l'ancien Zaïre. Il s'agit là, selon l'auteur, d'un dispositif rassemblant des terroristes et voyous.

En vue de faire échouer ce complot tendant, à tous égards, à la balkanisation du pays, l'auteur invite les Congolais à penser un bel avenir pour le pays de demain. Ainsi, tout ceci devra passer par une réconciliation des cœurs, ciment de l'unité nationale, permettant de faire échec à tous les ennemis usant ainsi d'une armée nationale, républicaine et dissuasive.

C'est dans la même optique que Elias Mulungula Ngodi,[1] tente d'éclairer l'opinion sur les enjeux au centre des convoitises en Afrique centrale. Il se pose ainsi les questions de savoir pourquoi l'Afrique centrale reste au centre des rivalités des puissances. Il se dégage ainsi de cette réalité que les rivalités des puissances ont eue et ont pour enjeu la maîtrise et

---

[1] NGODI E., *L'Afrique centrale face à la convoitise des puissances. De la Conférence de Berlin à la crise de la région des Grands lacs,* L'Harmattan, Paris, 2010.

le contrôle stratégique des matières premières par des potentialités internes.

Au fil des armées, les axes géostratégiques se sont redessinés en fonction des nombreuses inventions. L'histoire a montré que depuis le XV$^{\underline{ème}}$ siècle, l'Afrique centrale a intéressé l'Occident : la Traite négrière, les explorations et le partage de l'Afrique, les deux guerres mondiales, la colonisation, la guerre froide et la post – bipolarité.

L'effondrement de la bipolarité a entrainé ainsi de nombreuses restructurations des positions stratégiques et géopolitiques. Cette région est, sans nul doute, devenue une terre de violences, des risques, de constellation de conjonctures critiques et de prédilection des puissances.

Démontrant l'impuissance et la décadence de l'Etat, à travers la perte de compétence, la perte de crédibilité et de probité dues aux faits de guerres alimentés par les tierces puissances, la nécessité de la reconstruction de l'Etat, s'avère impérieuse. Ceci permettra aussi de reconstruire la paix dans la sous – région.

Pour Péan P.,[1] « *L'Afrique a longtemps été le théâtre des conflits de tout genre* ». « *Lesquels conflits*, pour l'auteur, *ont conduit aux carnages. Ainsi, le décompte des millions de morts pourrait avoisiner celui des victimes de toutes les guerres depuis 1945* ». Ceci se passe sous profond silence du monde ; qui, commence après moult et tergiversations à faire le contre-courant des agresseurs. Qui en parle ? Qui s'intéresse à ces carnages incompréhensibles ? S'interroge l'auteur aux cas, notamment, du Rwanda, Kivu, Sud – Soudan, Darfour, de la Somalie... Invoquer la folie des hommes ne fournit aucune clé d'interprétation ; et l'on ne peut pas se contenter de regarder l'Afrique sous le seul angle des Droits de l'homme ou de *Françafrique*.

Etonnamment, ces conflits majeurs n'ont jamais été appréhendés dans leur globalité. Qui ont été les soutiens, voire

---

[1] PEAN P., *Les guerres secrètes des grandes puissances en Afrique,* Fayard, Paris, 2010.

les promoteurs de toutes ces guerres ? Quels intérêts ont – elles servi ?

Telles sont les préoccupations de l'auteur dans cet ouvrage. A contre – courant de tout ce qui s'écrit sur l'Afrique, Pierre Péan expose les logiques stratégiques qui visent à remodeler l'Afrique et dont les dégâts collatéraux ont été d'une ampleur inédite et tragique.

Il est révélé ainsi, à l'instar de Charles Onana,[1] les dessous du *Grand Jeu* africain des puissances occidentales et les affrontements feutrés entre elles. Après la chute du mur de Berlin, les Etats – Unis d'Amérique aidés, notamment, de la Grande – Bretagne et d'Israël, ont décidé d'étendre leurs aires d'influence sur le continent africain, en réduisant notamment le *pré carré* français. L'instauration du nouvel ordre mondial y a été d'autant plus profonde que l'Afrique est devenue un des principaux terrains du choc *des civilisations* qui a installé, avant le 11 septembre 2001, l'Est africain dans l'espace conflictuel du Proche – orient. Les regards braqués sur les Grand et Moyen – orients n'ont pas vu que le Soudan était devenu, pour Israël et pour les Etats – Unis d'Amérique, un pays potentiellement aussi dangereux que l'Iran. Il fallait donc contenir et diviser le plus grand pays d'Afrique. L'auteur tient ainsi à préciser que, face au danger dans l'Afrique au regard de tous ses belligérants, il faudra tirer clair les responsabilités des uns et des autres.

Dans une réflexion sur la problématique opposant l'Afrique et l'Occident, Tshimanga E.,[2] pose la question concernant l'exercice du pouvoir et la pratique de la démocratie. Les *Africains* ont été et sont accusés, jusqu'aujourd'hui, du retard accumulé dans l'avènement de la démocratie. Ils lui préfèreraient, semble – t – il, l'autocratie.

De ce fait, l'auteur arrive à affirmer que « *les seuls Africains ne sont pas responsables du blocage de la démocratie chez eux. Rendre ainsi les Africains, les seuls responsables,*

---

[1] ONANA Charles, *Holocauste au Congo. L'Omerta de la Communauté internationale. La France complice* ? L'Artilleur, Paris, 2023.

[2] TSHIMANGA E., *L'occident pour ou contre la démocratie en Afrique. Le cas du Congo – Zaïre*, L'Harmattan, Paris, 2005.

c'est évidemment considérer unilatéralement les causes de cette situation. Laquelle situation ne tient pas compte de la pression et de l'ingérence déterminantes des grandes puissances dès l'aube des indépendances et durant toute la guerre froide entre les deux blocs Est – Ouest.

Les années 1990 ont vu une autre sorte d'interventions plus subtiles que le langage de mercenaires des années 1960 et 1970 : la *démocratie parachutée,* bien encadrée et payée par l'étranger.

Ainsi, en RDC et en Côte d'Ivoire, agressées par les milices armées soutenues par des pays voisins et soutenus par l'Occident, l'ONU s'est limitée à une condamnation timide des agresseurs et à un appui aux Gouvernements illégaux. Elle s'est en même temps contredite car, en légitimant et en légalisant les luttes armées, elle offrait ainsi une reconnaissance internationale aux mouvements rebelles et aux pays agresseurs (Accords de Lusaka, pour la RDC et accords de Marcoussis, pour la Côte d'Ivoire). Ces cas, comme le démontre l'auteur, illustrent parfaitement les soubresauts du continent noir aux prises de l'Occident. Le cas témoigné du soutien, par la majorité de la Communauté dite internationale au pouvoir illégal au Venezuela sous Maduro, en illustre aussi ledit cas.

L'impuissance de l'ONU continue à inquiéter beaucoup d'Etats membres. Des voix s'élèvent un peu pour réclamer l'extension de son pouvoir d'intervention et l'élargissement du cercle des membres permanents de son Conseil de Sécurité, de manière à ce que d'autres pays acquièrent le statut de membre permanent. L'on estime que de cette façon, les revendications de nombreux Etats qui se sont battus et d'autres qui continuent à se battre, pour la prééminence de leur souveraineté nationale, seront prises en compte, souhaite l'auteur. Pour ce faire, l'auteur estime sérieusement qu'il y a nécessité d'un nouvel ordre multipolaire qui est déjà dans une *multipolarité rebipolarisée* ou *rebipolarisation multipolarisée* en vue de contrebalancer les tendances américaines à l'hégémonisme.

« *L'Afrique est, aujourd'hui, partout en lutte,* précise Ziegler J.,[1] *toutes ces luttes furent pour la renaissance afin d'arracher aux dominateurs les conditions indispensables à l'édification d'une société plus humaine* ».

Plus d'une décennie, après la décolonisation, des principaux Etats africains étaient loin d'espoir et de lumière. Dans la plupart de ces Etats décolonisés, régnait encore la dictature (jusqu'à ces jours même) des militaires ou des bourgeoisies compradores. L'indépendance de ces Etats fut et est fictive. C'est ce que l'auteur appelle *protonation.* La protonation ne désigne ni une Nation en formation – encore qu'elle produise, pour ses membres, les symboles élémentaires d'un sentiment *national* - ni une Nation achevée qui se serait pervertie. Elle ne désigne pas non plus une pseudo – Nation, mais une sociabilité rudimentaire, limitée dans sa construction, asservie aux seuls besoins de ceux qui l'organisent de l'extérieur.

Elle est avant tout une création de l'impérialisme. Elle n'exprime qu'une souveraineté fictive, la totale dépendance de l'économie du pays à l'égard du centre métropolitain. Il y a beau temps que l'Afrique est mal partie. Jusqu' à une période récente, les ultimes soubresauts de la décolonisation, les péripéties sanglantes ou feutrées des mainmises néocoloniales, les affrontements intertribaux, les tyrannies néroniennes et les Républiques musclées, les bunkers de l'apartheid, les sécessions et les espoirs ou les mirages d'unités nationales, voire de cohésion continentale. Toutes ces violences étaient lues par les pays nantis comme les faits divers d'un inframonde qui, pour avoir été le berceau de l'humanité, ne méritait guère qu'on lui reconnût une histoire. Donc, un statut de sujet politique.

L'Afrique, ayant accédé au rang de terrain de manœuvre privilégié des luttes d'influences planétaires, de nouveau champ de bataille des intérêts multinationaux, et qu'un gigantesque safari politico – économique, en fait l'enjeu de toutes les convoitises. Dernière zone du planisphère à ne pas constituer une chasse gardée, voici l'Afrique en proie aux battus des uns,

---

[1] ZIEGLER J., *Main basse sur l'Afrique*, Seuil, Paris, 1978.

aux braconnages des autres. « A ce sujet, *l'Afrique parait,* selon l'auteur, *bien arrivée, mais au point de non être* ».

« *Ainsi, pour vaincre cet état de chose,* l'auteur conclut qu'*il faut disposer des peuples engagés dans une guerre nouvelle, celle pour la seconde indépendance* ». Il s'agit de la guerre pour la construction nationale, la souveraineté économique, la liberté réelle. Cette lutte naît de l'effort catégorique- lui – même issu de l'instinct de justice – d'une avant – garde décidée à affronter le dénominateur impérialiste de son peuple. Une dialectique ascendante, selon l'auteur, ouvrant des horizons inconnus.

La lutte de libération, la construction nationale sont achevées lorsque la Nation est la seule source de ses décisions et lorsque les mécanismes, la violence matérielle, symbolique du capital financier multinational, n'ont pas pris sur elle.

Les pages qui suivent portent sur la gouvernance mondiale dans le contexte de la mondialisation.

1.2. Etudes sur la gouvernance mondiale dans le contexte de la mondialisation

Ces différentes études traitent des contenus de la mondialisation au regard des enjeux mondiaux. Elles démontrent également la place de nouvelles puissances sinon émergentes au sein du système – monde.

Dans cette catégorie, l'intellectuel français Attali J.,[1] s'est toujours, depuis longtemps, posé la question de la maîtrise du monde. Il a, d'abord, imaginé que des dieux gouvernaient la nature et qu'il n'y pouvait rien. Puis, des hommes, prêtres, militaires, oligarques, ont prétendu gouverner des portions du monde, des mondes, puis le monde. Ils se sont efforcés de le conquérir par la force, par le marché.

Demain, le monde sera – t –il gouverné par les Etats – Unis d'Amérique ? Par leur alliance avec la Chine ? Par la Chine, seule ? Par l'Inde ? Par l'Europe ? Par les entreprises ? Par des mafias ? Telles sont les questions auxquelles l'auteur tente d'apporter réponses.

---

[1] ATTALI J., *Demain, qui gouvernera le monde ?* Fayard, Paris, 2011.

Il précise que « *ni par les uns, ni par les autres. En effet, même si les premiers restaient très puissants et si les autres le deviendront. Car, contrairement à ce qu'on croit trop souvent, le monde sera de moins en moins sous le contrôle d'un Empire et de plus en plus sous celui du marché* ».

Jusqu'à ce que cette évidence s'impose : le marché ne peut fonctionner correctement sans état de droit : l'état de droit ne peut être appliqué et respecté sans un Etat ; un Etat ne peut durer que s'il est réellement démocratique. Or, ni un Empire, ni le marché ne pourront maîtriser les immenses problèmes qui attendent le monde. Il faudra pour cela, d'après l'auteur, un Gouvernement mondial. A discuter !

Ce Gouvernement revêtira une forme assez proche des régimes fédéraux d'aujourd'hui ; l'Union Européenne en constituera, sans doute, le meilleur laboratoire. Laissant aux Gouvernements des Nations le soin d'assurer le respect des droits spécifiques de chaque peuple et la protection de chaque culture. Il sera en charge des intérêts généraux de la planète et vérifiera que chaque Nation respecte les droits de chaque citoyen de l'humanité.

Il naîtra à l'issue d'un gigantesque chaos économique, monétaire, militaire, écologique, démographique, éthique, politique ; ou, moins probablement, en lieu et place d'un tel chaos. Il prévaudra comme thérapie de choc ; ou bien, il adviendra peu à peu, dans les interstices de l'anarchie, par accumulation de réseaux tissés par les Etats, les entreprises, les syndicats, les partis politiques, les ONGs, les individus. Il sera totalitaire ou démocratique, selon la façon dont il s'instaurera. Il est désormais urgent de penser à l'avenir du monde avant d'être pensé par lui.

Cette assertion autour du gouvernement mondial, comme le stigmatise l'auteur, est loin d'être concrétisée et se contredit de plus en plus que chacun des Etats réclame son autodétermination, à l'instar de la Grande – Bretagne avec le *Brexit*, les USA avec *l'America first*, sans pour autant oublier la quasi – totalité des Etats africains….

A quoi ressemblera le monde en 2030 ? S'interrogent, dans un essai prospectif Boillot J.J. et Dembinski S.[1] Dans cette étude, ils « *montrent comment les trois géants – Chine – Inde – Afrique vont- ils renforcer leurs complémentarités et former un nouveau triangle de développement* » avec de risques et des opportunités pour l'Occident : dynamisme des diasporas, diffusion d'un *low cost* de qualité, *business models* frugaux dont pourraient bien s'inspirer les pays riches.

Le basculement du monde va donc s'accélérer considérablement jusqu'en 2030. Cette situation rabat les cartes démographiques, économiques, technologiques et celles des ressources naturelles en faveur de ce triangle dont les interactions se renforcent. Pourtant, à cet horizon, le basculement ne rime toujours pas avec le renversement du pouvoir à l'échelle planétaire. Et, il n'est même pas certain que le pouvoir politique, lui – même, soit en passe de basculer. Dans cette architecture internationale mouvante et multipolaire, il va donc bien falloir trouver une forme de mondialisation qui convienne, à la fois, à l'ancien monde, toujours puissant, Etats – Unis d'Amérique en tête et les nouveaux arrivants.

Pour les autres, « *il faudra éviter la mondialisation sans contre – pouvoir par une solution radicale, consistant à primer une démondialisation* ». Ceci avec un certain degré de repli national et une reprise en main des marchés par les Etats – nations réarmés sur le plan de la politique monétaire, budgétaire et fiscale, jusque – là, détenue par Institutions Financières Internationales.

A la lumière de Dani Rodrik, une autre solution est celle de la mondialisation modérée. L'on estime, ici, qu'on ne peut pas à la fois mener de front une hypermondialisation et avoir, en même temps, la démocratie avec des Etats – nations conservant leur pouvoir de décision politique au sein de leur espace national.

Dans le cas de l'hypermondialisation, les Etats vont chercher à attirer les entreprises et l'épargne mondiale, à

---

[1] BOILLOT J.J. et DEMBINSKI S., *Chindiafrique. La Chine, l'Inde et l'Afrique feront le monde demain*, Odile Jacob, Paris, 2014.

l'encontre de la démocratie et des impératifs de protection des emplois, des revenus, de la stabilité du système financier, de l'Etat providence. Ce schéma ultralibéral a été mis en place dans les années 1980 – 2000 mais montré ses limites dans la cascade des crises financières à répétition.

Pour protéger la démocratie, dans cette configuration d'hypermondialisation, il faudrait alors passer à la fameuse gouvernance mondiale, par – dessus des Etats – nations, trop faibles pour réguler le système mondial. Mais, ce système reste difficile – voire utopique à mettre en place et sonne le glas du Gouvernement de proximité.

Pour ainsi conserver à la fois l'Etat – nation et la démocratie, il faut abandonner l'hypermondialisation. C'est à ce niveau que l'idée de la mondialisation modérée vaut car, permettant aux différentes politiques économiques de ne pas entrer en conflit. Dans ce schéma, les Gouvernements nationaux conservent bien leur autonomie de politique économique et peuvent même protéger certains secteurs clés, en accord avec leurs populations.

Cette mondialisation modérée n'est pas gagnée d'avance, face à la double pression contradictoire d'une hypermondialisation non démocratique ou d'une démondialisation. Mais, force est de constater que la Chine et l'Inde jouent déjà ce jeu d'une mondialisation modérée. Démocratique ou non, elles ont un Etat – nation gardant la maîtrise du décollage économique, quitte à protéger certains secteurs et n'ont cédé ni à l'hypermondialisation sans contrôle, ni aux tentations de repli ouvrant, au contraire, leur économie aux vents mondiaux. La Chine, avec sa vision d'un monde hérissé de murailles, se méfie de l'hypermondialisation. L'Inde, avec sa vision du monde ouvert et d'une *planet India*, ne conçoit pas la démondialisation. Le cas de l'Afrique est plus problématique. Certains Etats faibles ayant pratiqué, notamment dans les années 1990, des politiques ultralibérales, dans le cadre d'une forme d'hypermondialisation, au détriment de la démocratie.

Un renforcement des Etats et une amélioration de leur gouvernance restent nécessaires pour profiter d'une mondialisation modérée et protéger une vraie place au triangle Chindiafrique et le considérer également comme allié potentiel au cœur de cette mondialisation modérée et de ce nouveau monde multipolaire et multiculturel dans lequel les changements sont infiniment plus rapides. Sans présager de l'avenir et sans pouvoir déterminer avec certitude si le basculement déjà observé des grands équilibres mondiaux débouchera *in fine* sur une nouvelle architecture du pouvoir. La Chine, étant en voie de stabilisation dans cette course à la croissance, l'Inde et l'Afrique doivent révéler tout leur potentiel dans les prochaines décennies. Il s'agit bien là, d'un décalage dont l'Europe doit savoir jouer afin de contrebalancer une Chine trop hégémonique.

« *Bâtir un Etat revient,* soutient Fukuyama F.,[1] *à créer de nouvelles institutions gouvernementales et à renforcer celles qui existent déjà* ». Dans son ouvrage, Francis Fukuyama montre que cette tâche représente l'une des questions les plus importantes pour la communauté mondiale. Car, les Etats faibles ou défaillants sont à l'origine de beaucoup de problèmes les plus graves du monde actuel, allant de la pauvreté au terrorisme en passant par le Sida et la drogue.

L'auteur soutient que si nous savons tant des choses sur la construction de l'Etat, nous en ignorons également beaucoup, en particulier, sur la façon de transférer des institutions fortes dans les pays en voie de développement. Il arrive aux résultats tels que, si nous savons, à peu près, comment transférer des ressources à travers les frontières internationales, mais des institutions publiques fonctionnant correctement requièrent certaines habitudes d'esprit et des modes opératoires complexes qui résistent au transfert.

Abordant l'importance de l'intégration régionale pour le développement d'un pays ou d'une région, Fweley Diangitukwa,[2] précise que cela ne fait plus objet à l'heure actuelle de contestations. Mais, ce concept est particulièrement

---

[1] FUKUYAMA F., *State Bulding. Gouvernance et ordre du monde au XXI ème siècle*, La Table Ronde, Paris, 2005.

[2] FWELEY DIANGITUKWA, *Géopolitique, intégration régionale et mondialisation*, l'Harmattan, 2006.

déroutant pour beaucoup d'acteurs politiques habitués à détourner l'intérêt national en intérêt privé. Comme pour tous les pays du Nord qui ont déjà compris l'enjeu géopolitique d'appartenir à un grand ensemble et de consolider l'union régionale, l'Afrique centrale et quelques pays d'Asie sont désemparés. Car, les bouleversements des relations internationales les ont presque écartés de la scène internationale, les obligeant à nouer des contacts à la sauvette. Ils innovent ou ils s'affaiblissent. La guerre froide qui suscitait un intérêt pour ces régions a disparu.

La mondialisation est – elle une solution idéale pour le développement des Nations et des communautés économiques ? Consolide –t – elle les regroupements régionaux ou rapproche – t – elle les espaces géopolitiques ? A– t – elle accru l'exclusion et les inégalités sociales ou va – t – elle améliorer les conditions de vie des hommes ? S'avance – t – on vers la révolte des vaincus ou vers un grand schisme entre le Nord et le Sud ? Les nouvelles guerres poursuivent – elles des visées économiques ? Préparent – elles la paix future ou le début d'une anarchie généralisée ? Que nous réserve l'avenir ? Telles sont les préoccupations auxquelles l'auteur tente de répondre.

L'auteur constate « *qu'il y a urgence et nécessité de créer de nouveaux liens de solidarité et de construire des ensembles plus viables dans lesquels chaque pays jouera un rôle spécifique pour l'économie mondiale et pour la sécurité de chaque région* ». L'Afrique centrale est donc appelée à sortir définitivement de sa léthargie. Tout en déterminant le champ de la nouvelle intégration régionale que l'auteur propose, il sied de créer une problématique et une réflexion nouvelles. L'enjeu devenant d'un très stimulant intérêt, il y a urgence également de penser à la nouvelle gestion de l'espace public et à la gouvernance en Afrique centrale, avec un retard approfondi sur la mondialisation. Car, le monde bouge et les Africains ne doivent plus croiser les bras et se limiter à observer les autres. Ils sont appelés à participer activement au destin de ce monde en mouvement et à influencer son orientation.

Dans ces réflexions, l'intégration régionale est comprise non comme une simple volonté de fonder une communauté humaine plus large, mais comme un vecteur de la mondialisation. Et surtout comme un dépassement des méthodes rétrogrades de gestion des politiques publiques.

Traitant de la problématique de la mondialisation, Kambayi, J.,[1] écrit ceci: « *le phénomène dit de mondialisation, laisse des séismes qui secouent perpétuellement les sociétés humaines. Il marque donc l'âge des extrêmes, étant à cheval entre le capitalisme et l'impérialisme* ».

Aussi, contribuant à la fois à l'unification du monde qui, avec elle, devenu village planétaire, tout en développant, dans les sociétés, des mécanismes réactionnaires de rejet et d'exclusion à son sujet, la compréhension globale de la mondialisation doit s'opérer en terme de la dialectique manichéenne amplifiée par la complexité et l'ambiguïté qu'elle revêt quand on l'assimile aisément à ses synonymes occidentalisation et américanisation irrésistible du monde.

Pour l'auteur, « *galvaudée, honnie et encensée, la mondialisation souffre pas mal. D'elle, on dit plein de choses. Elle favorise la pauvreté tout en creusant les inégalités entre les Nations. Elle est responsable des pertes d'emplois, des délocalisations et des maladies insoupçonnées. Avec elle, dit – on, les uns sont dans la lumière et les autres dans l'obscurité. Les premiers, on les voit et sont monde jusqu'à se confondre avec le monde. Les seconds, on ne les voit pas, et sont non – monde* ». Au positif, mondialisation, proclame – t – on, représente la post – modernité, l'avenir, la croissance et le progrès. On la qualifie d'heureuse. Elle constitue la *fin de l'histoire* menaçant la souveraineté respective des Etats dans ses tourbillons nerveux.

Ayant ainsi posé, en termes de menace contre les Etats, surtout ceux évoluant dans le non – monde, l'auteur présente des recettes pour traverser la mondialisation. Celles – ci consistent, notamment, à la réformation du système de la vie internationale, à l'annulation de la dette des pays pauvres, à la réformation des Institutions Financières Internationales, à la

[1] KAMBAYI, J., *Monde et non monde dans la mondialisation*, Eugemonia, Kinshasa, 2011.

suppression des paradis fiscaux, au contrôle des flux financiers, à la subordination des lois marchandes au respect des grandes conventions. Il s'agit là du défi d'une autre mondialisation et d'une logique franche de dialogue Nord – Sud capable d'éradiquer les violences planétaires.

La popularité de l'acronyme BRIC (Brésil, Russie, Inde, Chine), précise Kateb A.,[1] « *forgé en 2001 par l'économiste Jim O Neill, a largement dépassé les milieux financiers pour symboliser l'émergence de nouvelles puissances qui ont remarquablement bien résisté à la crise économique et financière mondiale, et dont le rôle a été consacré par le G20* ».

Les BRIC sont, en effet, avec d'autres grandes puissances émergentes (Indonésie, Mexique, Turquie, Afrique du Sud). Fort de l'absence africaine, ils muteront en BRICS, associant ainsi l'Afrique du Sud. Ce sont toutes ces autres puissances au cœur de ce que l'on propose d'appeler *la grande émergence,* un mouvement séculaire de rééquilibrage de la puissance et de la richesse, qui met progressivement fin à la *grande divergence* apparue entre l'Occident et le reste du monde à la faveur de la première révolution industrielle.

En outre, les BRICS représentent d'autres grands pôles géopolitiques alternatifs aux Etats – Unis d'Amérique et à l'Europe, dans un monde devenu de facto multipolaire depuis la fin de la guerre froide et l'échec du projet néo – impérial américain ; lequel monde, aujourd'hui avec de différents événements et enjeux auxquels il fait face, se rebipolarise autour des USA et de la Russie tout en se multipolarisant de l'intérieur avec l'entrée en scène de nouvelles forces émergentes devenues par la force même de la mondialisation.

En ce sens, leur plaidoyer pour une refondation du multilatéralisme onusien et des institutions de Breton Woods, thèse du reste que rejetait la gouvernance Trump, vise à adapter ces institutions à la nouvelle donne internationale, et à assurer leur émergence pacifique sans un monde de ressources rares et d'indépendances complexes.

---

[1] KATEB A., *Les nouvelles puissances mondiales. Pourquoi les BRICS chagent le monde*, Ellipses, Paris, 2011.

Confrontés à de multiples défis, les pays émergents leur apportent des réponses originales : capitalisme néo – patrimonial et politiques sociales ciblées, spécialisation internationale et rupture technologique, hybridation culturelle et réalisme politique. Leur forte croissance offre des opportunités considérables à condition de savoir décrypter ces enjeux et de replacer leur émergence dans une large perspective historique, économique et géopolitique.

En définitive, l'auteur précise que « *si l'enjeu immédiat de la grande convergence dans laquelle les BRICS et quelques autres grands pays émergents sont amenés à jouer un rôle essentiel, est la réduction des inégalités économiques globales et l'égalisation des niveaux de vie à l'échelle de la planète* ».

« *L'Afrique,* à la suite de Kuengienda M.,[1] *ne doit pas développer la peur à la mondialisation. Il lui faut alors développer la solidarité internationale. Celle – ci constitue l'un des éléments moteurs de l'intégration du Sud* ». Mais, cette intégration dans la solidarité ne peut réussir et être fructueuse que dans la mesure où cette Afrique aura à bannir avec l'économie dite de rente et outrancièrement dépendante.

Les pays du Sud dits sous – développés opposés à ceux du Nord développés, se caractérisant comme l'état d'une société ne parvenant pas à assurer à la majeure partie de la population de ses besoins vitaux, se heurtent à de nombreux obstacles. Ces obstacles sont d'ordre politique, économique, géographique, socioculturel.

La mondialisation conduit, en général, les entreprises à substituer une approche internationale à l'approche nationale de l'économie. L'internationalisation est souvent le résultat de processus de croissance des entreprises. Les pays du Sud doivent maîtriser la notion de compétitivité pour pouvoir constituer leurs propres forces face aux concurrents. Ceci doit s'apprécier au regard des critères de la productivité, de la qualité, de la flexibilité et de l'innovation.

---

[1] KUENGIENDA M., *L'Afrique doit – elle avoir peur de la mondialisation ? Approche géopolitique du développement durable*, L'Harmattan, Paris, 2004.

« *Pour favoriser l'internationalisation des entreprises, le Sud,* propose Martin Kuengienda, *doit promouvoir la stabilité politique, l'ordre juridique national, la compétitivité, la protection des contrats et la sécurité du commerce* ».

La population doit bénéficier d'un niveau d'instruction avec une maîtrise très poussée de la technologie comme cela a été le cas pour Taiwan, Singapour, Corée du Sud et Hong Kong. Mettant aussi l'accent sur le développement durable, il permettra au Sud de remédier à la désarticulation sociale et économique.

Le développement économique réel doit être auto – entretenu et cumulatif. Il doit gagner tous les secteurs de l'économie et s'auto- alimenter. Il ne s'agit pas, pour l'auteur, de prêcher l'autarcie et l'isolement du Sud dans la mondialisation. Par contre, auto-centrer le développement consiste qu'il faut renforcer les structures étatiques internes afin de limiter les désarticulations, entraînées par les dominations extérieures.

Dans son étude remarquable mettant en cause la religion utilisée par la toute – puissance américaine et son implication dans les conflits internationaux, Trembay R.,[1] part du postulat que la plupart de civilisations anciennes, après avoir atteint leur apogée, ont décliné par la suite à cause des contradictions ainsi entretenues de part et d'autre. Il est bien de penser au déclin et à la chute de l'empire romain. A côté de celui – ci, il y en eut beaucoup d'autres. A ce sujet, l'empire américain ne s'écarte pas de cette logique comme l'a été l'Europe avant d'être détrônée par les actuels USA : ceux – ci, sur le plan économique, risquent d'être détrônés par la Chine comme ce qu'a subi le Japon en faveur de celle – là.

Les empires et les civilisations qui les sous – tendent ont une durée limitée dans le temps. Ils suivent la trajectoire d'un grand mégacycle de plusieurs siècles, passant à travers des phases d'implantation, d'ascension et d'expansion, pour atteindre un apogée et un âge de grandeur, suivis d'une

[1] TREMBLAY, R., *Pourquoi Bush veut la guerre. Religion, politique et pétrole dans les conflits internationaux.* Les Intouchables, Montréal, 2003.

consolidation et d'un déclin plus ou moins lent et plus ou moins long.

Le succès relatif de la civilisation occidentale, au cours des cinq derniers siècles et demi, ne s'est pas fait *ex nihilo*, mais repose sur des fondations politiques, économiques et militaires solides. Les Nations occidentales qui ont tour à tour, nourri la civilisation ont constitué, avec le temps, un empire de fait, non pas parce qu'elles étaient soumises à une autorité politique unique, mais justement à cause de l'absence d'autorité suprême centralisée.

Tout en s'abreuvant à des valeurs humanistes, communes, et tout en partageant une expérience commune d'expansion géographique et de développement technologique et économique, les Etats – nations européens et américains se sont stimulés entre eux dans une concurrence parfois créatrice, parfois destructive. C'est parce que les Nations européennes et américaines ont partagé la civilisation occidentale qu'il est réaliste et juste de qualifier l'ensemble des pays occidentaux d'Empire démocratique d'Occident, même si ce grand Empire a eu plusieurs pôles et compté plusieurs sous – empires en rivalité.

L'auteur précise que « *l'Empire démocratique d'Occident change de leadership à plusieurs reprises. D'abord, quelques monarchies se partagent l'hégémonie : la France, sous François 1er (1494 – 1547), l'Autriche et l'Espagne sous Charles Quint (1500 – 1558) et la famille autrichienne des Habsbourg jusqu'en 1659 (Traité des Pyrénées). Au début, donc, il existe des embryons de pouvoir européen. Par la suite, la France s'impose et devient le pouvoir dominant en Europe continentale aux XVIème et XVIIIème siècles, d'abord, sous Louis XIV (1638 – 1715), et ensuite, sous Napoléon Bonaparte (1769-1821), jusqu'à la défaite de Waterloo en 1815.*

De 1815 à 1914, la Grande – Bretagne est le fer de lance de la civilisation occidentale à travers le monde. C'est elle qui tire, la première, profit de la Révolution industrielle qui apparait aux environs de 1750. L'avènement de la machine dans les procédés de production en Grande – Bretagne, et plus tard, en

Allemagne et en France, révolutionne l'économie traditionnelle fondée sur l'agriculture et le commerce.

Le choc de la première guerre mondiale et celui encore plus dévastateur de la seconde guerre mondiale affaiblissent considérablement les puissances européennes traditionnelles. Ces deux guerres ruineuses apparaissent comme des guerres fratricides épuisantes, opposant l'Allemagne et l'Italie, d'une part, la France et la Grande – Bretagne, de l'autre.

La conséquence de ces deux guerres désastreuses, pour le pôle européen de la civilisation occidentale, est qu'il se fait distancer économiquement, militairement et politiquement par le pôle américain, représenté par les Etats – Unis d'Amérique. Sans ces deux guerres, que l'on peut qualifier de délibérantes, le centre névralgique de l'Empire démocratique d'Occident n'aurait, sans doute, pas traversé l'Atlantique.

Depuis 1914 et certainement depuis 1945, le flambeau occidental est donc passé aux Etats – Unis d'Amérique. L'Empire démocratique d'Occident lequel se confond, aujourd'hui avec les pays de l'Organisation du Traité de l'Atlantique Nord (OTAN), moins la Turquie est incontestablement la plus grande puissance économique et militaire du monde, mais tenu dans le cadre de la multipolarité rebipolarisée de faire avec notamment la Chine, devenue deuxième puissance économique.

Les tensions politiques, économiques et militaires qui existent au début du XXème siècle entre les pôles américain et européen du super – empire, représentent certes une menace à terme pour le maintien de la position dominante de la civilisation occidentale dans le monde.

« *L'Afrique,* selon Tanguy Struye de Swielande,[1] *ne souffre pas de sa pauvreté, elle est plutôt victime de ses richesses* ». Il est précisé, dans cette étude, que l'Afrique n'a jamais cessé de susciter l'intérêt et d'attirer les convoitises des grandes puissances, faisant souvent planer le soupçon d'une

---

[1] TANGUY STRUYE DE SWIELANDE, *La Chine et les grandes puissances en Afrique. Une approche géostratégique et géoéconomique,* UCL, Presses Universitaires de Louvain, Louvain – La – neuve, 2010.

nouvelle forme de colonisation sur une présence qui s'annonce comme strictement économique et marchande. Mais, cela se joue inévitablement sur un fond géopolitique.

Dans ce rapport d'influences, si les Etats – Unis d'Amérique et l'Europe gardent une place importante, la Chine se présente comme la nouvelle puissance sans complexe liée au passé, sans état d'âme quant au bien – être des populations ou au respect des droits de l'homme.

Cet ouvrage passe en revue les différents acteurs économiques en Afrique, évalue leurs poids respectifs, met au jour leurs enjeux et pointe les perspectives. Etats, entreprises, institutions entretiennent des rapports de force entre eux et avec les Etats africains. L'auteur offre donc une vision sur le présent de leur engagement et aussi sur ce que pourrait bien leur réserver l'avenir dans un continent au potentiel encore largement ouvert.

L'auteur arrive à conclure « *qu'un manque de coopération entre les grandes puissances, les pays africains et les organisations internationales risque d'avoir des conséquences catastrophiques sur le moyen terme pour le continent africain qui risque encore une fois de sombrer dans le chaos et le désordre, sans oublier le pillage de ses ressources* ». Ainsi, l'arrivée des puissances comme la Chine, l'Inde ou le Japon, donne aux Etats africains plus d'opportunités et d'options. Mais, elles ne pourront l'être à long terme si les Gouvernements africains ne les accompagnent pas par une meilleure gouvernance, une plus grande démocratisation et institutionnalisation. D'autant plus, qu'attirés par l'argent facile, les pays africains pourraient se limiter à être un pourvoyeur de matières premières, au lieu de se diversifier et de se développer. Ce faisant, ils sont des acteurs à part entière dans cette lutte intense et pas uniquement des victimes.

Dans la lettre adressée à Védrine H.,[1] le 2 juillet 2007 par Nicolas Sarkozy, alors Président de la République française, lui demandant de réfléchir aux changements de positionnement de la France et de l'Union Européenne dans un monde globalisé. Il

---

[1] VEDRINE H., *Rapport pour le Président de la République sur la France et la mondialisation*, Fayard, Paris, 2007.

était aussi question d'examiner si la France et l'Union Européenne ne devraient pas défendre autrement leurs valeurs et de déboucher sur des propositions concrètes. Cette logique reste encore d'actualité.

L'auteur a dû donc examiner si la France devrait ou non repenser sa position face à la mondialisation. Il s'est ainsi interrogé sur son attitude globale, politique et économique, mais aussi, plus spécifiquement, sur sa politique étrangère, sa politique de défense et sa politique d'influence. Il a, à son sens en même temps, examiné les avantages et inconvénients du maintien ou de la modification de ces positions. Il s'est enfin posé les mêmes questions concernant l'avenir de l'Union Européenne. Car, s'il ne revient pas de décider, seul, de son orientation, il est possible de l'influencer fortement.

« *Depuis ainsi plus d'une décennie,* stigmatise Hubert Vedrine, *l'attitude française envers la mondialisation se caractérise par une méfiance persistante et par un pessimisme constant des Français quant à leur devenir, leur pays, l'avenir de leurs enfants* ». Ses réflexions conduisent à affirmer qu'il est donc impérieux de changer de posture dans ce monde globalisé. Il y a donc intérêt à passer d'une méfiance stérile face à la mondialisation à un dynamisme offensif dans la mondialisation. L'auteur soutient qu'on ne peut y parvenir qu'en assumant et associant, dans une combinaison convaincante et une action de longue haleine, tous les volets d'une politique ambitieuse de la mondialisation présentée comme telle.

En dernier ressort, l'auteur précise, qu'il s'agit d'une question politique. Les politiques intérieure, économique et sociale et aussi la politique étrangère doivent être cohérentes avec des ambitions dans la mondialisation et contribuer au retour à la confiance.

En résumé, « *Continuer à avoir une propre politique étrangère repensée et reformulée, forte et intelligible, est l'un des éléments du sursaut français dans la mondialisation ».* Ceci permettra de prévenir les claches qui menacent entre civilisations ou entre puissances et faire un monde vivable et plus équitable.

Que retenir des institutions financières internationales ?

1.3. Etudes sur les Institutions Financières Internationales

Les différentes études répertoriées, ici, font un état des lieux du rôle des Institutions financières internationales au sein du système – monde. Ces études – critiques démontrent comment ces institutions ont joué et jouent sur l'avenir du monde au détriment des Etats du Sud. C'est pourquoi, ces auteurs plaident pour une éventuelle restructuration.

« *Considéré comme médecin des économies malades, professeur d'orthodoxie économique, gendarme de l'ordre international ou chef d'orchestre d'un concert mondial,* L' Hériteau M-F., [1] précise que le *Fonds Monétaire International supervise, à un moment ou un autre, la politique économique d'un nombre croissant de pays en développement* ».

Ainsi, au – delà des financements que le FMI accorde, il commande l'accès au crédit international privé. Et au – delà des politiques de stabilisation conjoncturelle à court terme qu'il prescrit comme conditions de ses contours, il inspire des actions de réforme structurelle à long et moyen termes des économies du Tiers – monde. Devenu le vecteur privilégié d'une normalisation internationale, il influe, de façon aussi décisive que controversée, sur le devenir de ces sociétés.

La montée d'une économie de crédit international, l'aggravation des déficits de paiements courants des pays en voie de développement et la multiplication des opérations de renégociations de leur dette extérieure ont accru la dépendance des pays des Tiers – monde à l'égard du FMI au début des années 1980, en même temps que celui – ci renforçait le caractère conditionnel de ses financements. Par-là s'est trouvée aggravée l'asymétrie entre le rôle éminent que le FMI est appelé à jouer dans l'élaboration des politiques économiques des pays en voie de développement et la faible place que ceux – ci occupent dans la définition des politiques du Fonds.

La faiblesse de l'augmentation des quotes – parts, le gel des allocations, une proportion sans précédent de financements conditionnels ont traduit un rapport des forces dans lequel les

---

[1] L'HERITEAU, M.-F., *Le Fonds Monétaire International et les pays du Tiers – monde*, PUF, Paris, 1986.

pays en voie de développement ont dû s'aligner sur les prescriptions imposées par les principaux bailleurs de fonds du FMI. Par – là, s'est trouvé aussi renforcé le rôle tutélaire du Fonds à l'échelle internationale et consolidée sa fonction primordiale d'appui à la formation d'une économie mondiale.

L'axe central de la mission du FMI, loin de se limiter à des problèmes monétaires est, en effet, l'ouverture des économies et leur soumission à la contrainte extérieure. Ceci renvoie au contraste entre les résistances à l'application des programmes du Fonds et l'incontestable succès de celui – ci en tant qu'institution internationale et explique aussi la difficulté de dégager une alternative globale, cohérente et opératoire, à son modèle de développement, tant il est vrai que la raison du plus fort est toujours la meilleure. Laquelle raison devient meilleure par la force agissante des dominants.

Dans un livre – rapport, Stiglitz J.E.,[1] Economiste en chef et vice – président de la Banque mondiale entre 1997 et 2000, reste fondé sur une conviction pour bien remédier à la crise et avoir une reprise forte et empêcher un nouvel épisode. Ainsi, tant les politiques que les théories économiques ont joué un rôle. « *Des politiques défectueuses ont contribué à créer et accélérer la contagion du pays où elle est née au monde entier* ». Mais, derrière beaucoup de ces erreurs, du secteur privé ou des pouvoirs publics, il y avait les philosophies économiques qui ont dominé depuis un quart de siècle. « *Ces théories,* selon l'auteur, *perverses ont distordu les décisions privées et publiques. Elles ont conduit aux politiques qui ont tant contribué à la crise en faisant croire, par exemple, que les marchés se corrigent seuls et qu'il n'est donc pas nécessaire de réglementer. Ces théories ont aussi concouru à vicier les politiques des Banques centrales* ».

Des institutions et des dispositifs institutionnels défectueux, au niveau national et international, ont également contribué à la crise. Les faiblesses des institutions internationales, de leur gouvernance, leurs philosophies et modèles économiques

---

[1] STIGLITZ J.E., *Le rapport Stigliz. Pour une vraie réforme du système monétaire et financier international après la crise mondiale,* LLL, Paris, 2010.

sur lesquels elles n'ont pas su empêcher la crise d'écarter, détecter les problèmes qui l'ont provoquée, donner l'alerte convenablement avant l'explosion ni réagir correctement à la crise quand il n'a plus été possible de l'ignorer. En fait, certaines des politiques qu'elles ont encouragées ont contribué à la gestation de la crise et à sa propagation rapide dans le monde entier. Tout cela a facilité l'exportation de produits toxiques, de philosophies de la réglementation perverses et mauvaises pratiques institutionnelles par des pays qui se présentent aux autres comme exemples à suivre.

L'auteur précise ceci : « *Les idées et les idéologies qui sous-tendent des caractéristiques cruciales (théories du consensus de Washington) se sont révélées décevantes. D'autres idées qui auraient pu être plus utiles pour éviter la crise et modérer son ampleur, ont été méprisés* ».

La crise étant profonde, l'auteur a tenté de chercher comment pouvons – nous bénéficier des avantages de la mondialisation sans avoir à supporter tous ses coûts les plus nocifs et gérer l'économie mondiale d'une façon qui améliore le bien – être de la grande majorité des citoyens. Eu égard à cela, les résultats conduisent à une réponse affirmative. Et pour y parvenir, il faudra réduire le risque des crises et en réagir de façon particulièrement utile aux pays les plus pauvres.

Le même auteur,[1] Prix Nobel d'Economie en 2001, tient, dans une étude contre les rôles incontournables des finances dans la vie des Etats, à préciser qu'il n'y a pas une seule forme de capitalisme, une seule bonne façon de gérer l'économie. Il existe d'autres formes d'économie de marché (comme celle de la Suède, où la croissance est restée vigoureuse) qui ont créé des sociétés tout à fait différentes de celle des Etats – Unis d'Amérique, avec de meilleurs systèmes de santé et d'éducation et moins d'inégalités. Or, du moment qu'il y a des alternatives et des choix, ce sont les processus démocratiques qui doivent être au centre des prises de décision, et non pas les technocrates. Malheureusement, ces derniers *imposteurs* arrivent sérieusement

---

[1] STIGLITZ J.E., *Un autre monde contre le fanatisme du marché,* Fayard, Paris, 2006.

à séduire les politiques leur permettant d'intégrer du dedans les affaires d'Etat ou mieux de les détruire sans résultats sociaux conséquents.

L'un des principaux choix auxquels toutes les sociétés sont confrontées concerne le rôle de l'Etat. Le succès économique nécessite de trouver le juste équilibre entre l'Etat et le marché. Quels services l'Etat doit – il fournir ? Quelles réglementations doit – il instaurer pour protéger les travailleurs, les consommateurs, l'environnement ? Il est clair que cet équilibre change avec le temps et qu'il sera différent d'un pays à un autre.

Dans ses réflexions, Joseph E. Stiglitz démontre « *que la mondialisation, telle qu'on l'a imposée, a empêché d'obtenir l'équilibre requis.* Il souligne cependant que, *rien n'oblige à ce qu'elle nuise à l'environnement, aggrave les inégalités, affaiblisse la diversité culturelle et favorise les intérêts des grandes firmes aux dépens de bien – être des simples citoyens* ».

Comme le développement, la mondialisation n'est pas inévitable – même si elle repose sur des forces économiques et politiques puissantes. Entre la première guerre mondiale et la seconde, selon la plupart d'indicateurs, le rythme et l'envergure de la mondialisation se sont réduits, voire inversés. Si la mondialisation fait baisser le niveau de vie de beaucoup de citoyens d'un pays, voire de la majorité, et si elle compromet des valeurs culturelles fondamentales, il y aura des pressions politiques pour la ralentir ou y mettre fin. Il est évident que le cours de la mondialisation ne sera pas changé par la seule force des idées et des expériences, mais aussi par les événements mondiaux.

Ainsi, une mondialisation choisie, bien gérée, comme elle l'a été dans le développement réussi d'une grande partie de l'Asie Orientale, peut beaucoup apporter aux pays en développement comme aux pays développés.

Dans une étude dévoilant l'agenda caché du *consensus dit de Washington,* Toussaint E.,[1] précise très clairement *« que la*

[1] TOUSSAINT E., *Banque mondiale, le coup d'Etat permanent. L'Agenda caché du Consensus de Washington,* CADIM – CETIM – Syllepse, Paris, 2006.

Banque mondiale a soutenu méthodiquement des régimes despotiques issus ou nom de coups de force, menant une politique antisociale et commettant des crimes contre l'humanité ».

Pour ce faire, la Banque a fait preuve d'un manque total de respect pour les normes constitutionnelles de certains de ses pays membres. Elle n'a jamais hésité à soutenir des militaires putschistes et criminels économiquement dociles face à des Gouvernements démocratiques. Et pour cause, la Banque considère que le respect des droits de l'homme ne fait pas partie de sa mission.

Comme le révèle Eric Toussaint, « *La Banque Mondiale a, au cours des années 1950 et 1960, systématiquement octroyé des prêts aux puissances coloniales et à leurs colonies pour des projets qui permettaient d'augmenter l'exploitation des ressources naturelles et des peuples au profit des classes dirigeantes des métropoles* ».

C'est dans ce contexte que la Banque Mondiale a refusé d'appliquer une résolution de l'Organisation des Nations Unies adoptée en 1965 l'appelant à ne pas soutenir financièrement et économiquement le Portugal tant que celui – ci ne renonçait pas à sa politique coloniale.

Les dettes contractées auprès de la Banque Mondiale, sur décision du pouvoir colonial par les colonies de la Belgique, de l'Angleterre et de la France, ont été imposées ensuite aux nouveaux pays au moment de leur accession à l'indépendance.

Le soutien de la Banque Mondiale, à des régimes dictatoriaux, s'est exprimé par l'octroi d'un appui financier ainsi que par une assistance tant technique qu'économique. Cet appui et cette assistance ont aidé ces régimes dictatoriaux à se maintenir au pouvoir pour perpétrer leurs crimes.

La Banque Mondiale a également contribué à ce que ces régimes ne soient pas isolés sur la scène internationale car ces prêts et cette assistance technique ont toujours facilité les relations avec les banques privées et les entreprises transnationales. Le modèle néolibéral s'est progressivement imposé au monde à partir de la dictature d'Augusto Pinochet en

1973 au Chili et de Ferdinand Marcos aux Philippines en 1972. Ces deux régimes ont été activement soutenus par la Banque Mondiale. Lorsque des tels régimes dictatoriaux sont tombés, la Banque Mondiale a systématiquement exigé des régimes démocratiques qui leur succédaient qu'ils assument les dettes contractées par leurs prédécesseurs.

L'auteur soutient, à ce stade, que « *l'aide financière complice de la Banque Mondiale aux dictatures s'est transformée en fardeau pour les peuples* ». Ceux – ci doivent, aujourd'hui, rembourser les armes achetées par les dictateurs pour les opprimer. C'est ce qui fut aussi le cas pour la RDC, contrainte de supporter toutes les dettes successives dans le cadre du pouvoir dictatorial que la Banque Mondiale notamment a eu à soutenir manifestement. Cette lourde dette sera sans résultats visibles, évaluée à la hauteur de 14 milliards de dollars américains fut réduite suite à l'atteinte du point d'achèvement sous la première législature de la troisième République sur fond des chantages politiques à tous égards.

Dans la décennie 1980 – 1990, un grand nombre de dictatures se sont effondrées, certaines sous les coups de boutoir de puissants mouvements démocratiques. Les régimes qui leur ont succédé ont également accepté les politiques recommandées ou imposées par la Banque Mondiale et le Fonds Monétaire International. Ils ont poursuivi le remboursement d'une dette pourtant odieuse. Le modèle néolibéral, après avoir été imposé à l'aide de dictatures, a été maintenu grâce au joug de la dette et de l'ajustement structurel permanent. En effet, depuis le renversement ou l'écroulement des dictatures, les Gouvernements démocratiques ont poursuivi l'application de politiques qui constituent une rupture avec les tentatives de mettre en œuvre un modèle de développement partiellement autonome.

La nouvelle phase de la mondialisation, commencée dans les années 1980 au moment de l'explosion de la crise de la dette, implique, en général, une subordination accrue des pays en développement par rapport aux pays les plus industrialisés.

Par ailleurs, l'auteur propose de mettre fin à l'agenda caché de Consensus de Washington. Fondamentalement, il s'agit

« *d'une politique visant à la fois à garantir le maintien du leadership des Etats – Unis d'Amérique à l'échelle mondiale et à débarrasser le capitalisme des limites qui lui avaient été imposées dans l'après deuxième guerre mondiale* ». Cet agenda caché vise la soumission des sphères publique et privée de toutes les sociétés humaines à la logique de la recherche du profit maximum dans le cadre du capitalisme. La mise en pratique de cet agenda caché implique la reproduction de la pauvreté et l'augmentation des inégalités. Alors que celui proclamé vise à réduire la pauvreté par la croissance, le libre jeu des forces du marché, le libre – échange et l'intervention la plus légère possible des pouvoirs publics. Telle est la différence fondamentale séparant l'agenda proclamé du Consensus de Washington de sa version cachée.

Pour ce faire, « *il faille rompre ce Consensus caché et briser la spirale infernale de l'endettement. Cela consiste à abolir la Banque Mondiale et le Fonds Monétaire International pour les remplacer par d'autres institutions mondiales caractérisées par un fonctionnement démocratique* ». La nouvelle Banque Mondiale et le nouveau Fonds Monétaire International, quelle que soit leur nouvelle appellation, doivent avoir des missions radicalement différentes de leurs prédécesseurs. Ces missions doivent garantir la satisfaction des traités internationaux sur les droits humains (politiques, civils, sociaux, économiques et culturels) dans le domaine du crédit international et des relations monétaires internationales. Ces nouvelles institutions mondiales doivent faire partie d'un système institutionnel chapeauté par une Organisation des Nations Unies radicalement réformée.

Il est ainsi essentiel et prioritaire que les pays en développement s'associent pour constituer, le plus tôt possible, des entités régionales dotées d'une Banque commune et d'un Fonds monétaire commun. Lors de la crise du Sud – Est asiatique et de la Corée de 1997 – 1998, la constitution d'un Fonds monétaire asiatique avait été envisagée par les pays concernés. La discussion avait été avortée par l'intervention de Washington. Le manque de volonté des Gouvernements avait fait le reste. De ce fait, si l'on recherche l'émancipation des peuples et la pleine satisfaction des droits humains, les nouvelles institutions financières et monétaires tant régionales que mondiales doivent être au service d'un projet de société en rupture avec le néolibéralisme et le capitalisme.

Il y a une singularité africaine qu'il convient de soulever dans les lignes qui suivent.

1.4. Spécificité au cas essentiellement africain

La mise au point ainsi dégagée, a présenté une série des travaux produits tant par les chercheurs congolais qu'étrangers.

Ces études, loin d'être exhaustives, sont classées dans trois catégories distinctes. La première catégorie regroupe les recherches relatives à la problématique de la souveraineté des Etats du Sud, en général et, particulièrement, la République Démocratique du Congo. Elles visent à conscientiser les populations dominées sur la nécessité de leur prise en charge par la requalification responsabilisée de leurs institutions politiques. La deuxième catégorie a repris les études sur l'avenir du monde avec l'apport de nouvelles puissances dans la ré-géopolitique mondiale. La troisième catégorie, quant à elle, recherchant la réforme du tissu économique international, comporte des études qui décrivent et analysent les comportements des Institutions Financières Internationales en ce qui concerne la souveraineté que détiennent les Etats du Sud, en général et, la République Démocratique du Congo, en particulier. Ces institutions, ayant donc joué entre autre à la production des inégalités bien entretenues.

Toutes ces études proposent le respect des principes de l'égalité sur la souveraineté des Etats, de l'intégrité territoriale, de non – ingérence, consacrés par le Droit international, en passant par une organisation interne.

L'idée africaine, dans la cohérence que nous dégageons, se rapproche de ces trois catégories dans la mesure où bien qu'évoluant dans un monde d'interactions, la mondialisation contribue à la réduction de la souveraineté des Etats du Sud. D'où, il revient aux peuples africains d'adhérer à ce processus irréversible, sachant bien s'y prendre pour ne pas asphyxier la vie des Etats.

De cette réalité, la quête permanente consistant à savoir comment cette mondialisation influe sur la souveraineté des Etats en Afrique dans leurs rapports avec les Etats du Nord détenant tous les moyens nécessaires de coercition, reste d'actualité et se pose avec acuité.

Il s'observe, de ce fait, objectivement à partir des analyses, des comportements interactifs et contradictoires posés, d'une part, par les puissants acteurs de la mondialisation au détriment d'autres (faibles) subissant, d'autre part, où la force des marchés (force économique et financière) n'est plus à démontrer. Et où aussi les nouvelles forces émergentes participent à la reconfiguration du monde.

Toutes ces études ainsi reprises, loin d'être contradictoires sont, par contre dans leur ensemble, toutes complémentaires les unes des autres. Abordant la problématique de la captation de la souveraineté des Etats du Sud dans le nouveau contexte de la mondialisation, une autopsie générale des comportements des grandes puissances face à la souveraineté des Etats considérés soumis et sous – développés doit être de rigueur. Le second point a pour touche les effets de la mondialisation.

La mondialisation, concept global et globalisant, est diversement abordée selon le paradigme. Il est vu, par les uns (ceux de la classe des dominants) comme une chance leur permettant de devenir plus puissants. Ils usent, pour ce faire, de tous les moyens de coercition tant idéologique que physique leur permettant une plus grande visibilité au travers notamment des différentes exportations. Pour les autres (appartenant dans la classe des dominés), cette même mondialisation est comparable à la source des malheurs ainsi vécus renforçant les inégalités sociales. Elle ne doit donc pas être perçue dans la même optique : dans le cadre des Etats d'Afrique, il y a nécessité de renforcer les structures étatiques pour prétendre de profiter de la mondialisation dans son contexte de compétition permanente.

II.
Effets de la mondialisation

J'analyse en ce second point les effets de la mondialisation. En effet, la mondialisation, nouveau concept dans le jeu international, n'est qu'une recolonisation de la périphérie par le centre naturellement très avancé.

Les pratiques de cette mondialisation sont plus vieilles prétextant présenter aujourd'hui la lutte contre la pauvreté comme son cheval de bataille, part des prétextes d'évangélisation (Traite négrière) ; de civilisation (colonisation) du développement (indépendance-coopération). Après la portée sémantique, j'évoque le débat sur les principaux clivages.

2.1. Portée sémantique

La littérature sur la mondialisation est abondante. En tant que nouvelle grille de lecture du monde contemporain, la mondialisation est multidimensionnelle et aucun domaine de la vie ne lui échappe, de la vie privée aux relations entre les Etats.

Après avoir évoqué certaines définitions, je rappelle les caractéristiques de la mondialisation.

2.1.1. Autour de quelques définitions

Les définitions de la mondialisation abondent dans la littérature scientifique, ce qui entraîne une certaine confusion quant à l'utilisation de ce terme. D'après Thompson G.,[1] le mot mondialisation est employé de manière peu rigoureuse comme un mot parmi d'autres pour désigner simplement « *l'internationalisation plus poussée de l'activité économique s'exprimant par une intégration et une interdépendance accrues des économies nationales* ». Depuis peu, plusieurs chercheurs se sont attelés à la tâche de définir clairement ce concept sans pour autant parvenir à un consensus.

---

[1] THOMPSON G., *Introduction : situer la mondialisation*, in *Revue Internationale des Sciences Sociales*, n°160, 1999, p.159.

Plusieurs définitions proposées pêchent soit par minimalisme, en réduisant le phénomène à ces manifestations économiques, soit par généralisation excessive en l'associant à tous les changements modernes au sein de la société humaine. Dans le milieu des sciences économiques et du monde des affaires par exemple, on utilise fréquemment le concept de mondialisation pour ne se référer qu'à l'accroissement des transactions commerciales et financières transfrontalières.

Dans sa définition de la mondialisation, Ferrandery J.L.,[1] insiste sur la nature capitaliste de ce concept qui, selon lui, désigne un « *mouvement complexe d'ouverture des frontières économiques et de déréglementation permettant aux activités économiques capitalistes d'étendre leur champs d'action à l'ensemble de la planète* ». C'est dans ce même ordre d'idées que Bongeli E.,[2] et Bezbakh P.,[3] considèrent « *la mondialisation comme une nouvelle étape du capitalisme résultant de la victoire de la pensée libérale (américaine) sur l'idéologie planificatrice* ». Celle-ci étant tout de même la résultante du progrès de la technologie en matière de télécommunications, ayant fait son apparition seulement en 1989. C'est dans cette optique que Kambayi J.,[4] considère « *la mondialisation comme un phénomène à l'américaine où les USA imposent leurs vues* ». A ces jours, les mêmes puissances d'hier qui le sont encore, sont obligées de faire avec les nouvelles qui émergent contre tout entendement.

Kherdjemil B.,[5] et Mucchielli J.L.,[6] ont une idée plus restreinte de la mondialisation. Celle-ci résulte d'un ensemble de stratégies économiques résidant dans l'esprit des décideurs, et en particulier des dirigeants d'entreprises privées. Ce point

---

[1] FERRANDERY J.L., *Le point sur la mondialisation*, Presses Universitaires de France, Paris, 1998, p.3.

[2] *La Mondialisation... Op.Cit.*, p.49.

[3] BEZBAKH P., *Histoire de l'économie. Des origines à la mondialisation*, Larousse, Paris, 2008, pp.118-120.

[4] *Idem*, p.41.

[5] KHERDJEMIL B., *Territoires, mondialisation et redéveloppement*, in *RERU*, 1999, p.43.

[6] MUCCHEILLI J.L., *Multinationales et mondialisation*, Seuil, Paris, 1998, p.67.

de vue est fortement contesté par plusieurs observateurs qui affirment au contraire comme Mittleman J.H.,[1] que « *la mondialisation est un processus induit par l'évolution du marché plutôt que le résultat de politiques volontaires* ».

Bont W. (de),[2] situe quant à lui la problématique de la mondialisation dans quatre perspectives pour esquisser une tentative de définition de ce phénomène. Selon la première de ces quatre perspectives, la mondialisation n'est pas un phénomène tout à fait nouveau.

En effet, la première perspective représente les Nations interdépendantes soient-elles sous diverses manières : sur le plan politique, en cas de guerre, de conflits, épidémies, etc.

La deuxième perspective nous présente la globalisation comme une forme d'impérialisme, une sorte d'américanisation de la vie sur la planète. « *Elle est*, à la suite d'autres penseurs,[3] *essentiellement fondée sur le profit, en détruisant l'emploi dans les pays industrialisés par la délocalisation d'unités de production* ». Pour s'en convaincre, il n'y a qu'à se rappeler les événements qui se sont produits au Kosovo et en Irak, et plus particulièrement l'intervention musclée des Américains, etc. Cet état de fait accuse inévitablement la faiblesse de l'Organisation des Nations Unies.

En troisième lieu, il faut signaler que la mondialisation est soutenue par le progrès technologique et l'intérêt économique.

En dernier ressort, le monde s'achemine vers une nouvelle phase de développement social et de création de nouvelles institutions. D'où la notion d'un Gouvernement mondial à travers le pouvoir d'institutions telles que le Fonds Monétaire International, la Banque Mondiale, l'Organisation

---

[1] MITTELMAN J.H., *Globalization, critical reflections, International Political Economy Yearbook*, volume 9, Lynne Rienner Publishers, Boulder et Londres, 1996, p.72.

[2] BONT W. (de), *La mondialisation et l'Afrique*, in *Mondialisation vue du Sud*, 2000, pp.92-93.

[3]- GAUTHIER A., *D'une mondialisation à l'autre. L'économie mondiale du début du XXème siècle à nos jours*, Bréal, Paris, 2013, pp.269-270.

- GAUTIER L., *Face à la guerre*, La Table Ronde, Paris, 2006, pp.17-18.

Mondiale du Commerce et autres institutions des Nations Unies.

Senarclens P. (de),[1] définit la mondialisation « *comme une vague de libéralisation des échanges, des investissements et des flux de capitaux ainsi que l'importance croissante de tous ces flux et de la concurrence internationale dans l'économie mondiale* ».

Pour Ouatara A.,[2] la mondialisation « *est perçue comme l'intégration commerciale des flux financiers, des transferts de technologies, des échanges d'informations, des courants migratoires* ».

Notons par ailleurs que deux conceptions s'affrontent autour de l'explication de ce phénomène. Selon la conception unitaire, la mondialisation évoque la notion d'un monde uni, d'un monde formant un village planétaire sans frontières. Ceci dans une approche géographique, idéologique ou économique. Cette conception est soutenue par des organisations internationales ou institutions internationales (FMI, OMC, et autres), le courant idéologique notamment le mondialisme. Elle est également partagée par quelques analystes dont Norberg J.[3]

L'approche unitaire de la mondialisation bénéficie des succès au XIXème siècle (c'est-à-dire le progrès et la révolution de la technologie qui renforcent l'intégration physique, l'internationalisation et l'expansion des mouvements financiers, et la position du capitalisme comme seul système économique et centre de l'économie mondiale).

Il est suivi, cependant, par toutes les critiques fusant sur l'économie du marché ou le capitalisme.[4]

---

[1] SENARCLENS P. (de), *La mondialisation : Théories, enjeux et débats*, IIIème éd. Armand Colin, Paris, 2002, p.7.

[2] OUATARA A., *Les enjeux de la mondialisation pour l'Afrique*, in *Bulletin FMI*, New-York, 1997, p.89.

[3] NORBERG J., *Plan, plaidoyer pour la mondialisation capitaliste*, L'Harmattan, Paris, 2005, p.16.

[4]- COHEN D., *La mondialisation et ses ennemis*, Grisset, Paris, 2004, p.58.
- AL GORE, *Le futur. Six logiciels pour changer le monde*, Nouveaux horizons, Paris, 2013, pp.66-67.

La conception qui définit la mondialisation comme l'unification du monde contient par ailleurs une certaine exaltation intellectuelle. Cette conception prône plus d'ouverture pour arriver à une paix mondiale, une suppression totale des frontières. Elle présente tout de même des limites en ce qui concerne la faible capacité des autres Etats (faibles) à produire et vendre dans cette ouverture, du reste, compétitive.

Opposée à la conception unitaire, la conception conflictuelle et pluraliste considère la mondialisation comme la source de nos problèmes. Les tenants les plus farouches de cette conception sont les courants « *Altermondialistes* » et « *Antimondialistes* » bien qu'on trouve aussi quelques analystes indépendants en dire quelques choses.

En général, les définitions dites « officielles » de la mondialisation associent ce phénomène à celui du commerce international de manière très étroite comme le fait, par exemple, la Commission Européenne, reprises ici par Thompson G.,[1] :

> « *La mondialisation peut se définir comme le processus par lequel l'interdépendance entre les marchés et la production de différents pays s'accroît sous l'effet des échanges de biens et de services ainsi que des flux financiers et technologiques. Il ne s'agit pas là d'un phénomène nouveau mais de la poursuite d'une évolution amorcée depuis longtemps* ».

Dans le même ordre d'idées, Ayoub A.,[2] suggère une définition qui souligne le rôle central du libre-échange s'étendant à une portion de plus en plus large des activités humaines. Selon lui, la mondialisation peut être définie comme étant la « *propagation de la libre circulation des biens, des services, des capitaux, des hommes et des idées entre tous les pays en faisant abstraction des frontières politiques qui les*

---

[1] *Art. cit*, p.162.

[2] AYOUB A., *Economie du développement*, Green-Université Laval, Québec, 1998, p.477.

séparent ». Krasner S.D.,[1] s'exprime en des termes semblables en ce qui concerne les déterminants rôles que joue le libre-échange.

Le concept de mondialisation selon Mcgrew A.,[2] est souvent utilisé de manière plus englobante où il représente alors la tendance à « l'interconnexion mondiale croissante » dans pratiquement tous les domaines : économique, culturel, technologique, politique, juridique, militaire, environnemental et social.

Thompson G.,[3] soutient que la mondialisation fait intervenir « *la totalité des phénomènes sociaux contemporains* ». La principale lacune généralement associée à une interprétation aussi large est qu'elle fournit peu d'outils qui pourraient être utilisés dans une analyse empirique cherchant à spécifier les causes et les conséquences du phénomène de la mondialisation.

Dans l'une des études les plus complètes réalisées sur la mondialisation, l'on tente à la résolution du problème. De ce fait, la mondialisation devra comporter une nature multidimensionnelle précise lui conférant une certaine utilité analytique.[4]

Selon ces auteurs, cette définition a le mérite de corriger le défaut de la plupart des approches actuelles qui ne différencient pas suffisamment la mondialisation des autres processus plus limités en terme spatial tels que la localisation, la nationalisation, la régionalisation et l'internationalisation.

Par ailleurs, la décomposition du processus en termes d'extension, d'intensité, de vélocité et d'impacts, permet l'élaboration d'un cadre analytique qui pourra servir à aborder la question d'une manière plus précise.

---

[1] KRASNER S.D., *Globalization and Sovereignty*, in Smith D.A. et al., *States and Sovereingty in the Global Economy*, Routledge, Londres and New-York, 1999, p.36.

[2] MCGREW A., *The transformation of democracy*, The Open University, Cambridge, 1997, p.49.

[3] *Art. Cit.*, p.159.

[4] HELD D. et al., *Global Transformations*, Stanford University Press, Stanford, 1999, pp.16-20.

Quoi qu'il en soit, force est de constater que le terme « *mondialisation* » n'est pas utilisé d'une manière uniforme parmi les auteurs. Ce qui rend son analyse d'autant plus difficile. La confusion née de la compréhension et de l'utilisation différente du concept de mondialisation a eu pour effet non seulement de rendre mal aisé le débat théorique au sein de la communauté scientifique, mais également de contribuer au dialogue de sourds entre les décideurs politico-économiques et la population en général. Pour cette dernière (surtout des pays pauvres), la mondialisation comporte une connotation négative associée au capitalisme sauvage et fait appel aux émotions au moins autant qu'à la raison.

Les définitions reprises de David Held et les autres ainsi que de Emile Bongeli, présentent sans négliger les aspects culturels, environnementaux, militaires, sociaux ou même individuels de la mondialisation des aspects globaux. L'objet ici est plutôt de mettre l'accent sur les effets économiques, politiques et culturels de la mondialisation.

De tout ce qui précède, la mondialisation est un processus se développant à grande vitesse et de manière inégale et fragmentée. Elle rend les Etats pauvres dépendants des pays industrialisés. Conduisant à la rupture d'encrage étatique, la mondialisation favorise la fin physique des frontières étatiques.

Les lignes ci-dessous portent sur les caractéristiques de la mondialisation.

2.1.2. Caractéristiques de la mondialisation

La polémique entourant la définition même de la mondialisation fait en sorte que les divergences d'opinion se retrouvent également dans l'identification des caractéristiques et des manifestations du phénomène. Mais en dépit des désaccords, certaines de ces caractéristiques de nature générale rallient une majorité de chercheurs.

Pour Bongeli E.,[1] « *la mondialisation est à la fois économiciste et antisociale (allant du diktat financier au*

[1] *La Mondialisation... Op.Cit.*, pp.52-85.

blocage des salaires pour fonctionnaires en passant par la suppression des dépenses sociales), politique (impositions des politiques à appliquer), bafouant dès lors la souveraineté des Etats (singulièrement ceux du Sud), communicationnelle et culturelle avec l'émergence de Nouvelles Technologies de l'Information et de Communication qui en facilitent la domination culturelle ». C'est donc un rêve américain de dominer qui est en train de se concrétiser, celui après de devenir puissant est d'en demeurer.

Selon Mcgrew A.,[1] les lignes directrices de la mondialisation peuvent se résumer dans les caractéristiques suivantes :

« Interdépendance »

Par l'effet de l'échange et de la diffusion de l'information, les activités sociales, politiques et économiques transcendent les frontières nationales de telle sorte que les événements, décisions et activités situés à n'importe quel endroit dans le monde peuvent affecter les individus et les communautés en tout point du globe.

« Effacement des frontières nationales »

La frontière entre ce qui est local et ce qui est global devient de plus en plus floue. Il est par conséquent plus difficile de distinguer ce qui est « interne » de ce qui est « externe » ; et c'est ce qui soit à la base de la matérialisation des zones de libre-échange économique avec effacement des barrières douanières. Dans cette ouverture et marché, seuls les producteurs vendeurs et non acheteurs consommateurs, sont les plus bénéficiaires.

« Conflit de souveraineté »

L'interdépendance croissante génère de plus en plus de problèmes transnationaux mettant en question la souveraineté nationale. Ces questions ne peuvent être résolues que par la voie du multilatéralisme intergouvernemental.

---

[1] *Idem*, p.43.

« Complexité systémique »

L'augmentation du nombre d'acteurs et des liens entre eux entraîne une intensification et une complexification du système mondial et génère une contrainte systémique sur leurs activités et leur autonomie.

Un autre aspect central de la mondialisation qui est généralement reconnu par les chercheurs est celui de la « *compression de l'espace-temps* ». Cette expression reprise par James H. Mittleman se réfère aux transformations profondes au sein de nos sociétés qui se produisent à des rythmes accélérés, se calculant en années plutôt qu'en générations. Elle se réfère aussi suivant Hiernaux-Nicolas D.,[1] à l'érosion du sens traditionnel des notions d'espace, de territoire et de région, qui semblent être réduites à un simple support à l'économie mondiale. Cette dernière proposition ne fait cependant pas l'unanimité.

Outre ces points d'ordre général, la littérature sur la mondialisation comprend une grande diversité d'interprétations quant aux caractéristiques plus spécifiques du phénomène.

Mittleman J.H.,[2] identifie ainsi les manifestations concrètes les plus courantes. Quant aux manifestations purement économiques de la mondialisation, elles sont généralement reconnues comme étant les suivantes : délocalisation de la production, privatisation et déréglementation, et libéralisation du secteur financier. La délocalisation de la production est un processus parallèle à celui de l'éclatement du mode de production verticale fordiste.

Feenstra R.C.,[3] utilise le terme « *outsourcing* » pour définir le nouveau mode de production initié par les entreprises multinationales au sein duquel les activités de services et de production réalisées à l'étranger sont combinées à celles faites dans le pays d'origine d'une entreprise. Il est en effet de plus en

---

[1] HIERNAUX-Nicolas D., *Fondements territoriaux du libéralisme contemporain*, in *Revue Tiers Monde*, Tome XL, n° 157, 1999, p.45.

[2] *Idem*, p.2.

[3] FEENSTRA R.C., *Integration of trade and disintegration of production in the global economy*, *The Journal of Economic Perspective*, vol. 12, n°4, 1998, p.43.

plus profitable pour les grandes compagnies de délocaliser une partie de leur processus de production en raison de la différenciation positive des coûts de la main-d'œuvre d'un pays à l'autre, de la diminution des coûts de transport et de communication, et de la baisse des barrières commerciales.

Ce nouveau mode de production est à l'origine de la hausse importante des échanges commerciaux dans les produits intermédiaires puisque ces derniers traversent les frontières politiques plusieurs fois au cours du processus manufacturier.

Les vagues des privatisations et des déréglementations ont commencé en Grande-Bretagne sous Margareth Thatcher, puis aux Etats-Unis d'Amérique sous Ronald Reagan à la fin des années 1970 comme solution au problème de la « *stagflation* ».[1] Dans cette même logique et pour résoudre la problématique du chômage aux USA suite aux contradictions constatées au sein du système-monde, le Président américain Donald Trump sous sa gouvernance, initia des mesures contre les délocalisations. Ce, en vue d'accroitre leur production mondiale et faire face à la problématique liée au chômage interne.

Le processus avait pour but de stimuler la concurrence afin de relancer la croissance, ce qui fut fait de manière éclatante. Ces politiques sont issues d'une évolution particulière du capitalisme dans ces deux pays, où la doctrine du laisser-faire économique s'est enracinée depuis plus longtemps et plus profondément qu'ailleurs. Cette base doctrinale allait devenir une des composantes principales de la mondialisation lors de « *l'exportation* » du modèle dans le reste du monde. Les privatisations et les déréglementations sont associées non seulement à un recul de l'Etat devant les acteurs privés et le marché, mais aussi à un accroissement important de la concurrence et du libre-échange, d'ailleurs en progression constante depuis la fin de la seconde guerre mondiale.

L'augmentation phénoménale des flux financiers résulte quant à elle, d'un effet combiné des innovations technologiques

---

[1] *Inflation accompagnée d'une stagnation de l'activité économique et de chômage.*

dans le domaine de l'informatique et des télécommunications (permettant les transactions instantanées), de la dérégulation généralisée dans le secteur financier ainsi que de la hausse de la production et du commerce transfrontaliers. Ainsi, à la base des flux financiers il y a d'abord des masses monétaires dues à l'accumulation des capitaux, aux bénéfices énormes réalisés par le capitalisme et la spéculation facilitée par les innovations des Nouvelles Technologies de l'Information et de Communication. L'économie est dès lors financiarisée à outrance au détriment de sa matérialisation.

A cet effet, Tobin J.,[1] fait remarquer que « *l'activité financière est le secteur le plus facile à mondialiser puisqu'il n'y a pas de mouvements physiques de biens ou de personnes* ». Les seules barrières sont les réglementations, qui ont été en grande partie éliminées. En 1998, précise-t-il, le volume mondial de transactions de devises étrangères représentait 1,3 milliards de dollars américains par jour et ce montant est toujours en expansion. La spéculation à court terme est la principale responsable de cette augmentation sans précédent. Si la plupart de chercheurs sur la mondialisation s'entendent sur les caractéristiques et les manifestations générales du processus présentées ci-dessus, il en va par contre tout autrement dès que le débat devient plus spécifique quant à la nature et aux conséquences de ce processus globalisant.

Il me semble important d'inviter à la réflexion le débat sur les principaux clivages.

2.2. Débat sur les principaux clivages

Le débat sur la mondialisation est caractérisé par une impressionnante diversité théorique qui ne se présente pas nécessairement comme le prolongement des divisions philosophiques traditionnelles en matière de systèmes socio-économiques (libéralisme, conservatisme, marxisme). Pour Held D. et al.,[2] « *les clivages théoriques sont plus éclectiques et portent sur cinq questions fondamentales concernant la*

---

[1] TOBIN J., *Financial globalization, Proceedings of the American Philosophical Society*, vol. 143, n°2, 1999, p.45.
[2] TOBIN J., *Art. cit.*, p.23.

mondialisation : sa conceptualisation, sa dynamique de causalité, sa périodicité, sa trajectoire historique et ses impacts ».

Je parle de la conceptualisation, de la dynamique de causalité, de la période et trajectoire historique, des impacts, de trois approches théoriques dominantes, de la mondialisation comme extension actuelle du capitalisme. La dernière question est celle de savoir si la mondialisation était un véhicule de la démocratie.

2.2.1. Conceptualisation

Les nombreuses définitions de la mondialisation qui ont été résumées plus haut démontrent la grande diversité conceptuelle qui entoure la question. Soulignons simplement ici deux autres facteurs à la base de toute construction conceptuelle de la mondialisation.

Le premier facteur a trait à la condition finale que préfigure la mondialisation, c'est-à-dire un marché mondial parfaitement intégré avec une harmonisation des prix et des taux d'intérêts. Pour Hirst P. et Thompson G.,[1] et certains autres auteurs, cet « *Etat final* » du processus doit servir d'étalon pour mesurer l'ampleur de la mondialisation actuelle. L'idée est rejetée par plusieurs auteurs pour qui, l'approche du « *modèle idéal* » est méthodologiquement inacceptable puisqu'une telle démarche suppose que le présent doit être interprété comme la première étape d'une progression linéaire vers un Etat futur prédéterminé. Pour Held D. et al.,[2] quant à eux, bien qu'il n'y ait aucune raison logique ou empirique, cet Etat se doit de présumer de l'existence d'une condition finale pour la mondialisation.

Le second facteur concerne le type de mesure (quantitative ou qualitative) à employer pour confirmer ou infirmer l'existence et l'intensité de la mondialisation. Bien entendu, aucune approche méthodologique n'utilisant qu'un

---

[1] HIRST P. et THOMPSON G., *Globalization in questions: the international economy and the possibilities of governance*, Polity Press, Cambridge, 1996, pp.34-38.

[2]HIRST P. et THOMPSON G., *op. cit.*, p.41.

seul type de mesure ne saurait expliquer le processus dans son ensemble. L'équilibre entre l'utilisation des mesures quantitatives et qualitatives varie selon les approches conceptuelles et les disciplines scientifiques.

Que dire sur la dynamique de causalité ?

2.2.2. Dynamique de causalité

Le « *moteur* » de la mondialisation, c'est-à-dire le processus causal principal, en constitue le second clivage. Les opinions divergent profondément d'après Mcgrew A.,[1] quant à savoir si la mondialisation est un processus unique mené par une logique dominante (progrès technologique, capitalisme, impérialisme) ou un processus multidimensionnel engendré par un ensemble de logiques causales (changement à la fois technologique, politique, culturel et économique).

La controverse sur les causes de la mondialisation est liée à un débat plus large concernant la modernité. Les théoriciens du système-monde dont Wallerstein I.,[2] Amin S.,[3] Kankwenda J.,[4] Bongeli E.,[5] et bien d'autres ainsi que de la dépendance, voient dans la mondialisation une diffusion du capitalisme et des institutions occidentales vers le reste de l'humanité, une diffusion souvent apparentée à l'impérialisme.

Pour Giddens A.,[6] ceux qui s'opposent à cette thèse, distinguent occidentalisation et mondialisation et rejettent l'idée selon laquelle les deux termes seraient synonymes. La plupart des chercheurs reconnaissent néanmoins le rôle important joué par le capitalisme et l'Occident dans le processus de mondialisation.

---

[1] *Idem,* p.42.

[2] WALLERSTEIN I., *States? Sovereignty? The dilemmas of the capitalists in an age of transition,* in Smith D.A. et al., *States and Sovereingty in the Global Economy*, Routledge,Londres et New-York, 1999, p.45.

[3] AMIN S., *Les défis de la mondialisation*, L'Harmattan, Paris, 1997, p.34.

[4] KANKWENDA J., *Marabouts ou marchands du développement en Afrique?*, L'Harmattan, Paris, 2000.

[5] *La Mondialisation... Op. Cit.*, p.138.

[6] GIDDENS A., *The consequences of modernity*, Polity Press, Cambridge, 1990, p.22.

Il est question d'envisager dans les lignes qui suivent la trajectoire historique de la mondialisation.

2.2.3. Période et trajectoire historique

Définir la mondialisation par ses caractéristiques, sa nature et ses conséquences n'est pas suffisant. L'analyse d'une tendance lourde telle que ce processus, nécessite un cadre historique permettant de la situer dans le mouvement évolutif des sociétés humaines. Le choix d'une périodicité de l'histoire revêt une importance centrale dans les conclusions auxquelles arrivent les chercheurs puisque ce qui est unique ou distinctif de la période de mondialisation actuelle est nécessairement analysé par rapport à une période antérieure.

Le début de la période contemporaine de mondialisation, par exemple, n'est pas situé à la même époque par tous les auteurs. Il est parfois associé à la période de l'après-deuxième guerre mondiale, parfois situé dans les années 1970, ou même au tout début du XXIème siècle dans certains cas.

Inspiré par Petit P. et Soete L.,[1] l'adjectif « *contemporaine* » souvent attribué à la mondialisation est superflu pour plusieurs qui la considèrent comme étant un phénomène récent sans précédent historique.

Bien que le terme anglais « globalization » soit apparu dans les écoles de gestion américaines et dans la presse économique anglo-saxonne au milieu des années 1980, Ferrandery R.C.,[2] Valaskakis K.,[3] Talmud I.,[4] Fweley Diangitukwa,[5] et d'autres auteurs n'hésitent pas à situer les origines du processus aux XVème et XVIème siècles. C'est-à-dire

---

[1] PETIT P. et SOETE L., *La mondialisation en quête d'un avenir : un défi aux politiques nationales*, in *Revue Internationale des Sciences Sociales*, n°160, 1999, p.128.

[2] PETIT P. et SOETE L., *Art. cit.*, p.14.

[3] VALASKAKIS K., *Le théâtre de la mondialisation : la scène, la distribution et l'intrigue de la pièce ont changé*, in *Revue Internationale des Sciences Sociales*, n°160, 1999, p.34.

[4] TALMUD I., *The democratic State, globalization and privatization*, in *Democracy: the challenges ahead*, St. Anthony's Series, St. Martin's Press, New-York, 1997, p.67.

[5] *Idem*, pp.85-88.

avec l'avènement des temps modernes et les balbutiements du capitalisme en Europe. Il s'agit donc du résultat d'un très long processus ayant commencé avec le progrès technologique, la découverte de l'Amérique et l'unification de la planète.

La trajectoire historique réfère quant à elle à une question fondamentale concernant le changement induit par la mondialisation : celle-ci provoque-t-elle une modification structurelle du système international, entraînant ainsi une coupure historique, c'est-à-dire le déclin, et éventuellement la fin du système westphalien dominé par les Etats-nations, ou représente-t-elle plutôt la continuité d'une longue évolution historique ?

Pour la plupart des partisans de la théorie du système-monde, le système actuel est toujours celui de l'*économie-monde* commencé au XVIème siècle. De ce fait, il existe d'importantes différences quantitatives par rapport aux périodes précédentes en ce qui concerne les flux internationaux. Mais, il n'y a pas eu de changement structurel depuis les débuts de l'*économie-monde*. Plusieurs auteurs dont Emile Bongeli, s'entendent d'ailleurs sur le fait que la mondialisation est un phénomène récent en ce qui concerne son intensité mais pas son origine. Il s'agit là d'un concept dont l'appellation est récente et dont la structure reste très ancienne. Ainsi, spécifiquement pour les cas des pays d'Afrique soumis dès le départ aux diverses soumissions et prédations, ce processus loin seulement d'être associé aux progrès technologiques, évolue concomitamment avec toutes les étapes des changements fonctionnels et structurels de l'humanité. Comme ce processus d'interconnexion des peuples, la traite négrière avec son corollaire le commerce triangulaire dans le prétexte d'évangélisation, la colonisation sous prétexte de la civilisation, la décolonisation-coopération dans le but prétexté de développement, voilà autant des idées magiques utilisées ayant élu domicile dans l'évolution de cette Afrique convoitée dès ses premiers contacts avec les peuples étrangers. Dans cette logique, la lutte contre la pauvreté en est le nouveau prétexte dans le cadre de cette mondialisation *soi-disant civilisée*, tenue par les puissances capitalistes occidentales.

Un autre groupe de théoriciens parviennent aux mêmes conclusions en comparant la période de mondialisation actuelle à celle de la fin du XIXème siècle. Krasner S.D.,[1] fait remarquer que sur plusieurs aspects, la mondialisation était plus « *développée* » à cette époque qu'aujourd'hui.

Cette observation amène donc à conclure que même si la mondialisation met en évidence certaines tensions entre les normes et les comportements, il n'y a aucune preuve de transformation structurelle du système international.

Abordant la question dans le même sens, Tobin J.,[2] souligne que « *le degré de libéralisation du marché financier n'est toujours pas revenu au niveau d'avant 1914 et que le transfert d'épargne des pays développés vers les pays en voie de développement est proportionnellement plus petit qu'au début du siècle* ».

Fweley Diangitukwa,[3] précise que « *la mondialisation est un vieux concept, car les premiers jalons furent posés par Christophe Colomb avec la découverte de l'Amérique (1451-1506)* ». Cette découverte avec d'autres qui suivirent, permirent aux peuples interconnexion, mais sous la domination des puissants.

A la fin du XVème siècle, grâce au développement de la technologie et de la navigation, il y avait une ruée des grandes puissances de l'époque vers l'Amérique. Cette ruée fut suivie de visées coloniales et d'une grande ambition : unir les peuples de la terre tout entière. En 1498, Vasco de Gama atteignit l'Inde en passant par le Cap de Bonne Espérance. En 1519-1522, Magellan accomplit le premier tour du monde. En 1542 ou 1543, le Japon fut abordé pour la première fois par un navire européen puis évangélisé par le Jésuite espagnol, Saint François-Xavier. En 1582, le P. Matteo Ricci fonda les missions jésuites en Chine et projeta de la convertir au christianisme, *mais en vain*. Le souci de se préoccuper du monde et de rapprocher les pays par le commerce ou par la religion se profilait déjà à cette

---

(1) TALMUD I.,*Op. Cit.*, p.49.
(2) *Idem*, p.24.
(3) *Idem*, pp.85-88.

époque. Cette ambition de conquérir le monde et l'asservir est inscrite dans le texte juif (Matthieu 28 :19) en ces termes : « *Allez, faites de toutes les nations des disciples, les baptisant au nom du Père, du Fils et du Saint Esprit* ».

Mais très rapidement les Anglais et les Français, qui étaient les grandes puissances de l'époque, se querellèrent et s'affrontèrent pour se partager le *nouveau monde*. L'Angleterre l'emporta grâce à son avancée technologique et à sa maîtrise des mers.

Les ambitions qui se dessinaient étaient bien mondiales. Elles ont été renforcées à la fin du XVIIIème siècle et au début du XIXème siècle grâce à la révolution industrielle qui accéléra le rythme. Les moyens de transport et de communication qui apparurent facilitèrent le déplacement des hommes.

Ayant étudié en profondeur les tendances économiques de cette période, Williamson J.G.,[1] recense plusieurs similitudes avec celles d'aujourd'hui : croissance rapide, forte augmentation du commerce international et des flux de capitaux et mouvements migratoires importants. Selon lui, « *la période de mondialisation actuelle est la poursuite du processus amorcé à la fin du XIXème siècle et interrompu par les deux guerres mondiales suivies de la guerre froide* ».

Dans un tout autre ordre d'idées, les auteurs qui perçoivent le progrès technologique comme étant la principale force motrice de la mondialisation estiment que les dernières années sont caractérisées par une transformation structurelle historique à l'échelle mondiale.

Selon ces derniers, entre autres Petit P. et Soete L.,[2] Bongeli E.,[3] l'internationalisation de l'information et du savoir font entrer le monde dans une ère nouvelle « *où l'accès à toute la planète est devenu une caractéristique primordiale de la production comme de la consommation* ».

---

[1] WILLIAMSON J.G., *Globalization and inequality, past and present*, *The World Bank Research Observer*, vol. 12, n°2, 1997, p.32.

[2] *Art. cit.*, p.43.

[3] *La Mondialisation... Op.Cit.*, pp.79-89.

Dans cette optique, une révision profonde des institutions de coordination et de gouvernance internationales s'impose afin de faire face aux défis liés aux questions environnementales ainsi qu'aux problèmes d'éthique de la recherche technologique.

La thèse de la transformation structurelle historique soutenue par Strange S.,[1] est également développée par certains chercheurs qui partagent la conviction que l'Etat-nation est destiné à être relégué à un rôle subalterne face à la suprématie du marché et aux nouvelles institutions supranationales.

Finalement, une thèse plus nuancée, celle de Held D. et al.,[2] sur la trajectoire historique de la mondialisation suggère que le processus n'est pas nouveau. Mais que sa forme actuelle est unique (le flux d'interactions internationales est sans précédent dans tous les domaines) et qu'elle induit des changements d'ordre structurel dans le système international.

Les tenants de cette proposition sont toutefois divisés quant à l'ampleur et l'impact concret de ces changements ou encore ne se prononcent pas sur la nature précise du nouvel ordre mondial qui émergera.

Il me paraît faire apte au jugement que de revenir dans les pages ci-dessous sur les impacts de la mondialisation.

2.2.4. Impacts

Les impacts de la mondialisation sont multiples, *asymétriques*[3] et souvent difficiles à identifier. La question des impacts se trouve pourtant au cœur du débat sur la mondialisation puisque les politiques proposées pour corriger les effets néfastes de la mondialisation dépendent directement de l'évaluation que l'on fait de ces derniers.

Les impacts économiques, bien que plus faciles à évaluer (puisque quantifiables) que les impacts socio-politiques, demeurent une source de controverse parmi les économistes en raison du manque de données fiables sur l'économie

---

[1] STRANGE S., *The retreat of the State: The diffusion of power in the world economy*, Cambridge University Press, Cambridge, 1996, p.43.

[2] *Idem*, p.66.

[3] *En rapport avec cette réalité, nous y reviendrons dans les pages suivantes !*

internationale actuelle et passée et de différents types de méthodologie employés.

En ce qui concerne les impacts socio-politiques, l'accent est mis sur le rôle de la mondialisation face au recul de la social-démocratie et de l'Etat-Providence, conduisant à la désétatisation. Les opinions sont également contrastées sur les questions concernant l'évolution du rôle de l'Etat-nation dans un contexte de mondialisation.

Il est évident que les impacts d'un processus aussi englobant que celui de la mondialisation se manifestent dans d'autres domaines (culturel, militaire, social, etc.).

Il y a à cet effet, trois approches théoriques dominantes à soulever.

2.2.5. Trois approches théoriques dominantes

L'ensemble des approches théoriques, courants de pensée et interprétations du processus de mondialisation ont fait l'objet d'une synthèse regroupés en trois tendances dominantes : « *hyperglobaliste* », « *sceptique* » et « *transformationaliste* ».

Approche hyperglobaliste

Les *hyperglobalistes* partagent la conviction que la mondialisation économique construit de nouvelles formes d'organisation sociale qui supplanteront éventuellement les Etats- nations en tant que principales unités économiques et politiques de la communauté mondiale.

Dans cette optique, la mondialisation définit une nouvelle ère dans l'histoire humaine où « *les Etats-nations sont de plus en plus incompatibles avec les exigences de l'économie globale* ».[1]

Il existe au sein de l'approche *hyperglobaliste* telle que défendue entre autre par Ohmae K., plusieurs divergences normatives, en particulier entre les néo-libéraux qui saluent le triomphe de l'autonomie individuelle et du marché sur le pouvoir étatique et les néo-marxistes pour qui « *la mondialisation représente la victoire du capitalisme*

---

[1] OHMAE K., *The end of the Nation State*, Free Press, New-York, 1995, p.34.

oppressif ».[1] Dans tous les cas, le déclin inéluctable de l'Etat demeure au centre de l'argumentation.

Approche sceptique

Contrairement aux *hyperglobalistes*, les *sceptiques* rejettent la proposition selon laquelle l'internationalisation économique en cours préfigure l'émergence d'un nouvel ordre mondial où le rôle de l'Etat serait considérablement diminué à l'image américaine.

La thèse *hyperglobaliste* se situe à l'extrême opposé de la position des *sceptiques*, pour qui, « *la mondialisation n'est ni plus ni moins qu'un mythe* ».[2] S'appuyant sur les données statistiques des flux commerciaux, financiers et migratoires de la fin du XIXème siècle, les sceptiques prétendent que les niveaux contemporains d'interdépendance économique ne sont pas sans précédent historique. Certains auteurs (Linda Weiss, notamment) vont jusqu'à avancer que l'économie internationale est aujourd'hui considérablement moins « *mondiale* » dans son étendue géographique qu'à l'époque des empires européens.

Selon ces auteurs, les indicateurs actuels confirment une tendance à la hausse de l'internationalisation économique contemporaine similaire à celle des années 1890. Ce processus résulte des politiques gouvernementales et ne représente donc pas une force systémique hors de contrôle.

L'Etat joue d'après eux un rôle de plus en plus central et actif dans la promotion internationale de ses activités économiques et de l'élaboration de nouvelles réglementations. L'inégalité issue des mécanismes du marché contribue à la croissance du nationalisme et du fondamentalisme, repoussant

---

[1] KAKI KEBAKENTANE R., *Matérialisme: quel avenir en République Démocratique du Congo face au défi de la mondialisation ?*, in Mulambu Mvuluya F. (sous la direction de), *Mondialisation et idéologies. L'avenir des grands courants de pensée*, CEP Kinshasa, Kinshasa, 2003, pp.68-69.

[2] - WEISS L., *Globalization and national governance : antinomy or interdependance* ?, in *Review of International Studies*, 2000, p.45.

- HIRST P. et THOMPSON G., *Op.Cit.*, p.31.

ainsi aux calendes grecques l'émergence d'une civilisation globale telle que l'envisagent les *hyperglobalistes*.

Approche transformationaliste

Au cœur de la thèse *transformationaliste* qui est celle défendue par Held D et al., que nous partageons aussi, se trouve la conviction que la mondialisation actuelle est la principale force dynamique à l'origine des transformations économiques, sociales et politiques en cours, qui annoncent une restructuration fondamentale des sociétés modernes.

Les *transformationalistes* sont en accord avec les *hyperglobalistes* sur le fait que le processus de mondialisation contemporain est sans précédent et qu'il provoque un changement structurel de l'ordre mondial. Mais ils se distinguent à la fois des *hyperglobalistes* et des *sceptiques* en ce qui concerne la trajectoire historique de la mondialisation. Pour les *transformationalistes*, la mondialisation ne tend pas vers un Etat final mais constitue plutôt un processus historique ouvert. Malgré leur refus de se prononcer sur le futur de la mondialisation, les *transformationalistes* demeurent convaincus que l'intensité des flux contemporains (politiques, économiques, sociaux, culturels) est sans précédent historique. L'existence d'un système global ne démontre pas une tendance vers une convergence mondiale ou l'avènement d'une société mondiale unique. Bien au contraire, la mondialisation est associée à de nouvelles formes de stratifications sociales où certains Etats, sociétés et communautés sont inclus de façon croissante dans les réseaux mondiaux alors que d'autres en sont exclus.

Les *tranformationalistes*, tout comme les *sceptiques*, sont d'avis que les Etats vont conserver leur rôle central au sein du système international bien que le processus de mondialisation provoque déjà des ajustements et des transformations en ce qui a trait au pouvoir, aux fonctions et à l'autorité des Gouvernements nationaux.

Tendances dominantes dans le débat sur la mondialisation

	HYPERGLOBALISTES	***SCEPTIQUES***	***TRANSFORMATIONALISTES***
Quoi de neuf ?	Une ère mondiale	Blocs commerciaux, Géogouvernance plus faible qu'aux périodes précédentes	Niveau d'interdépendance mondiale sans précédent historique
Caractéristiques dominantes	Capitalisme mondial, gouvernance mondiale, société civile mondiale	Le monde est moins interdépendant que dans les années 1890	Mondialisation « dense » (intensive et extensive)
Pouvoir des Gouvernements nationaux	Sur le déclin	Renforcé	Restructuré
Moteur(s) de la mondialisation	Capitalisme et Technologie	Etats et marché	Forces combinées de la modernité
Type de stratification	Erosion des anciennes Hiérarchies	Marginalisation accrue du Sud	Nouvelle architecture de l'ordre international
Motif dominant	McDonalds, Madonna, etc.	Intérêt national	Transformation de la communauté politique

Conceptualisation de la mondialisation	Réorganisation du cadre de l'activité humaine	Internationalisation et régionalisation	Réorganisation des relations interrégionales et action à distance
Trajectoire historique	Civilisation globale	Blocs régionaux, choc des civilisations	Indéterminé : intégration et fragmentation mondiales
Résumé de l'argumentaire	Fin de l'Etat-nation	L'internationalisation dépend de l'accord et du soutien de l'Etat	La mondialisation transforme le pouvoir étatique et la politique internationale

Source : Bolduc D. et Ayoub A., *La mondialisation et ses effets*, in *Revu de la littératur*e, Green-Université Laval, Québec, 2000, p.19.

La question à se poser est celle de savoir si la mondialisation était une extension du capitalisme ? Tel est l'objet du point suivant.

2.2.6. Mondialisation : extension actuelle du capitalisme

C'est principalement dans la littérature néo-marxiste que la relation théorique entre le capitalisme et la mondialisation a fait l'objet d'une analyse plus poussée.

Début néo-marxiste

La mondialisation, telle qu'interprétée par les théoriciens du *système-monde* et les auteurs néo-marxistes, n'est que l'extension du système capitaliste (dans lequel l'internationalisation de l'économie est une tendance naturelle) initié en Europe au XVème siècle. Ce phénomène reste ainsi le stade rêvé ultime du capitalisme américain.

Amin S.,[1] résume ainsi l'une des propositions centrales de la pensée néo-marxiste concernant la nature mondiale du capitalisme :

« *Toutes les parties intégrées dans ce système le sont par le biais de leur participation à une division mondiale du travail qui porte sur des produits essentiels pour la consommation de masse ou sa production, en parallèle avec un degré de commercialisation (marchandisation) de la production sans commune mesure avec celui des époques antérieures.*

Si le capitalisme est un système mondial, c'est parce que l'économie mondiale qui le sous-tend est, dans sa globalité, régie par ce système de production capitaliste ».

Dans le même ordre d'idées, Arrighi G.,[2] soutient que la mondialisation correspond à la fin d'un « *cycle systémique d'accumulation* ».

Il identifie de ce fait, quatre de ces cycles depuis les débuts du capitalisme-monde. Ceux-ci étant caractérisés par une

---

[1] AMIN S., *Impérialisme et sous-développement en Afrique*, Anthropos, Paris, 1998, pp.70-75.

[2] ARRIGHI G., *Globalization, state sovereigny, and the endless accumulation of capital*, in Smith D.A. et al., *States and Sovereingty in the Global Economy*, Routledge, Londres et New-York, 1999, p.43.

expansion stable et rapide de la production et du commerce mondial, suivie par la « financiarisation » de l'économie, une hausse de la compétition interétatique pour le capital mobile et de rapides changements technologiques et organisationnels. Le cycle se termine invariablement par une crise de suraccumulation - marquée par un déclin de l'Etat et une instabilité grandissante de l'environnement économique dans lequel celui-ci opère — dont les Gênois auraient fait l'expérience au XVIème siècle, les Hollandais au XVIIIème siècle et les Britanniques au début du XXème siècle.

Chacun des passages entre deux cycles systémiques d'accumulation s'est jusqu'à maintenant déroulé de manière identique.

Relancé par la montée d'une entité étatique profitant d'une meilleure organisation institutionnelle que son prédécesseur, le cycle systémique d'accumulation peut alors redémarrer dans un système capitaliste renforcé. Le capitalisme mondial se trouve une nouvelle fois en fin de cycle et les Etats-Unis d'Amérique se trouvent confrontés à une crise de suraccumulation du capital et à des fortes contradictions avec leurs partenaires-complices. La crise financière internationale de 2008 confirme cette thèse ainsi que les incessantes guerres économiques de 2018 avec la puissante Chine, voire la crise induite par la pandémie COVID-19 dès 2020.

Dans le même sens, l'on considère que l'ensemble du processus cyclique propre au système capitaliste est sur le point d'être brisé. Ce dernier insiste sur le « *saut qualitatif* » effectué par le capitalisme au XXème siècle, ce qui lui a permis d'atteindre sa maturité, sa forme achevée.

Les avancées technologiques ont engendré une croissance exponentielle de la capacité de production « *qui* selon Amin S.,[1] *implique non seulement que la recherche du profit soit devenue le moteur de la décision économique mais encore que cette recherche du profit opère sur la base de moyens matériels ayant dépassé le stade de l'outillage artisanal* ».

---

[1] *Impérialisme... Op. Cit.*, p.74.

Le capitalisme serait donc en voie d'atteindre son stade final, comme l'a démontré Lénine,[1] où la logique économique prend le dessus sur la logique politico-idéologique dans le processus d'organisation sociale.

Toute croissance exponentielle est celle du cancer et conduit nécessairement à la mort. Selon plusieurs auteurs néo-marxistes, les pires calamités sont sur le point de frapper l'humanité si le système capitaliste n'est pas abandonné ou repensé : aliénation croissante des travailleurs, destruction des richesses naturelles et environnementales, réchauffement climatique, polarisation économique de plus en plus insoutenable entre pays industrialisés et non-industrialisés. Le tout conduisant d'après Samir Amin, Emile Bongeli à « *une sorte de suicide collectif ou d'autodestruction inconsciente, précédée des pilules amères non curatives imposées à avaler car sans un diagnostic conséquent* ».

La critique socialiste du capitalisme fait souvent intervenir la notion d'une « *grande crise* » devant entraîner l'écroulement de tout le système capitaliste. Celui-ci s'est toutefois adapté plusieurs fois tout au long de l'histoire et a même réussi à se renforcer constamment.

Sans toutefois partager les conclusions pessimistes évoquées ci-dessus, certaines idées plus centristes reconnaissent d'emblée le lien fondamental qui unit capitalisme et mondialisation.

Michalet C.A.,[2] par exemple, estime que le passage de l'accumulation nationale à l'accumulation mondiale est un phénomène déterminé, une extension naturelle du capitalisme.

Selon lui, le principal vecteur de l'émergence d'un capitalisme mondial réside dans le processus de délocalisation de la production initié par les firmes multinationales. Celles-ci contribuent ainsi à exporter le rapport social de production caractéristique du mode de production capitaliste :

---

[1] LENINE, *L'impérialisme, stade suprême du capitalisme*, Editions Sociales et Edition du Progrès, Paris-Moscou, 1971.

[2] MICHALET C.A., *Le capitalisme mondial*, Presses Universitaires de France, Paris, 1998, p.313.

« *L'extension à l'échelle mondiale du rapport salarial accompagne celle du capital productif. La firme multinationale industrielle est donc le vecteur qui va éliminer progressivement dans les territoires où elles subsistent encore les formes d'organisation non capitalistes de la production* ».

Le processus de multinationalisation des entreprises et de délocalisation de la production est lui-même issu des contradictions inhérentes au système capitaliste au niveau des économies nationales.

La suraccumulation du capital, qui constitue une manifestation concrète de la tendance à la baisse du taux de profit, représente la plus importante de ces contradictions :

« *Le capitalisme individuel ne peut* à la suite de Michalet C.A.,[1] *continuer à accumuler de manière identique si la rémunération de son activité est nulle ou trop faible. De deux choses, l'une ou bien, il abandonnera purement et simplement, ou bien il cherchera de nouvelles procédures lui permettant de retrouver un taux de profit suffisant* ».

Cette caractéristique systémique du capitalisme serait donc à la base du phénomène de la multinationalisation (puisque l'entreprise cherche à l'extérieur du cadre national un moyen de retrouver un taux de profit satisfaisant) et, par extension, de la mondialisation.

Mondialisation de l'économie

Il est bien connu que le capitalisme tend naturellement à s'internationaliser par le biais du libre-échange, mais porte-t-il également en lui une tendance inéluctable à la mondialisation de l'économie ?

Cette question est prématurée car l'économie « *mondialisée* » ne s'est toujours pas concrétisée. L'ambiguïté conceptuelle entre « *économie mondialisée* » et « *économie internationalisée* » est à l'origine de la mauvaise interprétation de la situation économique actuelle par la communauté scientifique. C'est pourquoi, Grahame Thompson s'attache à définir ce qui distingue l'une de l'autre : « *Une économie mondiale*

---

[1] MICHALET C.A., *Op. cit.*, p.320.

internationalisée serait une économie dans laquelle les principales entités restent les économies nationales ou des agents qui continuent à être rattachés à des territoires nationaux bien définis ». Quoi que ces entités soient de plus en plus intégrées et enchevêtrées, les sphères nationales restent relativement séparées de la sphère internationale de sorte que les processus, les événements et les impacts internationaux se reflètent à travers le prisme de structures, de politiques et de processus essentiellement nationaux. Une économie mondiale internationalisée s'organiserait donc, pour ainsi dire, selon un mouvement ascendant en partant des acteurs nationaux et en s'élevant jusqu'à la sphère ou au niveau international. Les principaux agents privés dans ce type d'économie seraient les entreprises multinationales. Elles conserveraient une base nationale visible, un style de gestion national et un personnel composé de nationaux.

Dans l'économie mondialisée, en revanche, la principale entité est la nouvelle économie mondiale elle-même, qui formerait un nouveau système de relations économiques déterritorialisées. C'est une économie qui transcende les économies nationales et les agents nationaux, et leur impose une forme et un caractère particuliers. Elle les « *enveloppe* » dans sa propre dynamique. Elle s'organise, pour ainsi dire, selon un mouvement descendant. Elle déterminerait ce qui peut ou non se faire au niveau national dans le secteur public comme dans le secteur privé. Ce serait une économie qui échappe à la gouvernance et caractérise les forces d'un marché inorganisé et incontrôlable. Les principaux acteurs privés seraient ici des entreprises transnationales. C'est-à-dire des organisations indépendantes de toute base nationale.

L'on rejette donc l'idée que le capitalisme mène nécessairement à la mondialisation, celle-ci n'étant pas de toute façon une réalité tangible puisque l'économie mondiale conserve l'aspect d'une économie plus *internationale* que *mondialisée*, ce qui amène à rejeter toute la thèse de la mondialisation. Celle-ci est donc d'une utilité théorique douteuse au regard des écrits de

Michalet C.A.,[1] et Thompson G.,[2] où la mondialisation tend à abandonner la gestion de l'économie mondiale aux simples impératifs de l'économie de marché.

De ce qui précède, nous pouvons considérer la mondialisation comme un sous-ensemble du capitalisme. Ainsi, le trait dominant du système économique international actuel n'est d'ailleurs pas la mondialisation, mais l'évolution du capitalisme vers une tangente qualifiée de « *turbo-capitalisme* ». La *mondialisation* ne serait qu'un des piliers du turbo-capitalisme, les deux autres étant les *privatisations* et les *déréglementations* en masse.

Selon ce point de vue et au sens strict, la mondialisation représente l'intégration de tous les pays du monde dans le mode de production dominant, en l'occurrence, le mode de production capitaliste libéral d'origine européenne. Pour ce faire, la mondialisation joue tout de même un rôle important puisqu'elle constitue l'élément exportateur du modèle : l'intégration des marchés tend en effet à encourager un mouvement de déréglementations compétitives entre les Etats. La notion de mondialisation selon une interprétation économique restreinte, ne réfère qu'à l'intégration des marchés et à la délocalisation de la production.

Peut-on soutenir ou pas que la mondialisation serait un véhicule de la démocratie ?

2.2.7. Mondialisation : véhicule de la démocratie ?

Il ne fait aucun doute que la mondialisation a grandement contribué à l'expansion du système capitaliste dans presque toutes les régions du monde. A cet égard, l'action des Etats-Unis d'Amérique a été déterminante puisque le Gouvernement américain a mis à profit sa position dominante sur la scène internationale depuis plus d'un demi-siècle afin de promouvoir l'économie de marché et le libre-échange.

Il ne faut toutefois pas perdre de vue que la mondialisation ne se limite pas à l'exportation du capitalisme.

---

[1] MICHALET C.A., *Op. Cit.*, p.43.
[2] *Art. cit.*, p.174.

En effet, les nombreux changements survenus dans la sphère de la politique internationale lors des décennies passées semblent indiquer que la mondialisation véhicule en fait l'ensemble du système libéral développé par les pays occidentaux.

De ce fait, « *elle a coïncidé*, précise Senarclens P. (de),[(1)] *avec l'épanouissement de la démocratie libérale* ». Le libéralisme constitue un système de valeurs reposant sur les deux piliers que sont le libéralisme économique (capitalisme) et le libéralisme politique (démocratie multipartite).

La progression du capitalisme s'est effectuée très rapidement depuis l'effondrement de la majorité des régimes communistes et la disparition du monde bipolaire. L'économie de marché a été instaurée dans presque tous ces pays (parfois de façon anarchique) et poursuit sa progression en Chine malgré le fait que le Parti Communiste soit toujours au pouvoir.

Parallèlement aux avancées du libéralisme économique, le libéralisme politique a également connu une forte progression. La fin de la guerre froide, encore une fois, constitue une étape importante et marque le début d'une intense période de démocratisation. « *Cette démocratie à l'occidentale, associée aux droits de l'homme, deviennent* à la suite de Bongeli E.,[2] *des concepts magiques justificateurs des interventions intempestives de l'Occident. Celui-ci remodèle la planète au mieux de ses intérêts géostratégiques* ».

Dans son discours d'investiture à l'aube de son second mandat, le Président américain Bill Clinton avait fait remarquer que pour la première fois dans l'histoire, plus de la moitié de la population mondiale vivait sous un régime démocratique. Voilà le souhait américain allant dans l'américanisation du monde comme l'avait prédit Georges Bush Sr. Mais les montées spectaculaires de la Chine et les contradictions constatées, orientent la planète autrement. Ainsi, dans cette multipolarisation

---

1 SENARCLENS P. (de), *Mondialisation, souveraineté et théories des Relations Internationales*, Armand Colin, Paris, 1998, p.77.
2 *La Mondialisation... Op. Cit.*, p.1123.

émergente, il y a lieu de constater une re-bipolarisation autour de deux anciennes puissances de la guerre froide.

Les valeurs associées au libéralisme politique, telles que la liberté d'expression et le respect des droits de l'homme, ont également pris une place de plus en plus importante dans les relations internationales, même de façon variée et anarchique. Un facteur déterminant dans ce processus a été la révolution dans les technologies de l'information incarnée par les Etats-Unis d'Amérique. Celles-ci ont grandement favorisé la circulation des idées libérales et facilité la mobilisation d'individus de différents pays en réseaux transnationaux. Ceci a été et reste favorisé le plus souvent par le biais des Organisations Non Gouvernementales (ONGs), afin d'agir directement sur la scène internationale ou encore d'exercer des pressions sur les Gouvernements nationaux.

Par conséquent, ces réseaux sont de plus en plus incités à réagir face aux violations des droits de l'homme à l'étranger. D'où les débats concernant la remise en cause des principes de non intervention et de souveraineté territoriale inscrits dans la Charte des Nations Unies.[1] Ainsi, né un nouveau Droit International : celui de l'ingérence.

Malgré tout, les dénonciations entre Etats en matière de violation des droits de l'homme demeurent bien souvent symboliques. La plupart du temps, les relations commerciales semblent constituer la priorité des pays industrialisés. En Asie-Pacifique par exemple, les échanges commerciaux ont augmenté à un rythme soutenu tout au long des années 1980 et 1990 en dépit du fait que la majorité des pays de cette région soient gouvernés par des régimes autoritaires. Seule la Chine a été frappée de sanctions économiques suite au massacre de la place Tian An Men et celles-ci ont vite été levées. A court terme, l'absence de démocratie ne paraît pas constituer un obstacle à l'expansion du capitalisme. Les cas en Afrique sont légion et du temps de la guerre froide voire l'après-guerre. Les grandes puissances dont la France, ne s'est pas gênée d'apporter tous ses soutiens aux Rwanda, Tchad, Congo-Brazzaville,... faisant, du

---

[1] Dossiers de L'état du monde, *Mondialisation, au-delà des mythes*, La Découverte & Syros, Paris, 1997, pp.147-152.

reste, fonctionner des pouvoirs autoritaires. Les mêmes puissances dites de vieille démocratie, ne trouvent aucun inconvénient lorsqu'il faut délocaliser leurs industries en Chine et surtout bénéficier en liquide de ses fonds pour leurs politiques publiques, pourtant anti-démocratique ! Contraste ou problème d'intérêt ? L'Africain devra pour ce faire, privilégier ses intérêts.

Les rythmes d'expansion du libéralisme économique et politique ne sont donc pas égaux, le second étant plus lent à se diffuser que le premier en raison de la fragmentation politique sur la scène internationale et du temps que nécessite l'assimilation d'un nouveau modèle de société dans les pays où la démocratie vient tout juste de s'implanter.

« *La mondialisation du capitalisme par l'intégration des marchés est donc beaucoup plus avancée que la mondialisation de la démocratie* »,[1] qui n'en est qu'à l'étape de la diffusion précaire dans plusieurs Etats du monde. Les procédures inhérentes à la démocratie (élections, vote à majorité qualifiée, etc.) ne sont toujours pas sorties du cadre national (à l'exception notable de l'Union Européenne) alors que plusieurs mécanismes financiers sont déjà mondialisés.

En évoquant la souveraineté des Etats, quels en sont les principes et les notions ? C'est la matrice du point suivant.

Autant la mondialisation est différemment appréhendée, autant cela joue sur les effets qu'elle produit au sein des Etats. Partant de sa complexité rendant ainsi les frontières poreuses, la souveraineté des Etats reste aussi affectée. Dans un élan relatif, cette souveraineté est liée notamment à la capacité d'agir et de faire d'un Etat évoluant en conflit de souveraineté. Ayant existé depuis que l'humanité a existé, la mondialisation subit des évolutions compte tenu des enjeux de l'heure. Si hier, elle a été essentiellement sous l'angle économique, de nos jours, elle s'étend sur tous les domaines avec des impacts alors asymétriques et dont l'Etat – nation reste l'unité fondamentale.

---

(1) STIGLITZ J.E. et CHARLTON A., *Pour un commerce mondial plus juste*, Nouveaux Horizons, Paris, 2005, p.381.

III
Souveraineté des États : notions et principes

Il me semble utile d'évoquer les notions et les principes de la souveraineté des Etats dans le cadre de cette étude. En effet, la souveraineté est l'élément essentiel pour l'existence d'un Etat. Il n'y a pas d'Etat sans souveraineté. L'article 2 §1 de la Charte des Nations Unies pose ce principe de souveraineté et l'on parle à cet égard d'égalité souveraine entre Etats.

Par ailleurs, ce principe cardinal se trouve confronté à un nouveau phénomène de la mondialisation qui entrave l'égalité souveraine des Etats. Je pose la question de l'existence de l'égalité souveraine des Etats d'une part, et d'autre part celle des limitations aux principes.

3.1. Egalité souveraine des Etats ?

L'égalité souveraine des Etats est un corollaire de la souveraineté. Les Etats souverains ont tous en tant que tels et en vertu du Droit International, une vocation identique à jouir des droits à propos desquels il est établi qu'ils sont égaux.

Ainsi, l'Etat pour Dupuy P.M.,[1] s'identifie à la souveraineté interne et internationale du fait de la légitimité que lui reconnaît la population qu'il régit et quoique dans une moindre mesure de la légitimité qui lui est consentie par la Communauté Internationale.

En particulier, l'égalité souveraine comprend les éléments suivants, conformément à la Résolution 2625 du 24 octobre 1970 de l'ONU :

- Les Etats sont juridiquement égaux ;
- Chaque Etat jouit des droits inhérents à la pleine souveraineté ;

---

[1] DUPUY P.M., *La responsabilité internationale des Etats pour les activités d'origine technologique et industrielle*, Pédone, Paris, 1976, p.29.

- Chaque Etat a le devoir de respecter la personnalité des autres Etat et de se déterminer les coopérations bilatérales, multilatérales voire ;
- L'intégrité territoriale et l'indépendance politique de l'Etat sont inviolables ;
- Chaque Etat a le droit de choisir et de développer librement son système politique, social, économique et culturel ;
- Chaque Etat a le droit de s'acquitter pleinement et de bonne foi de ses obligations internationales et de vivre en paix avec les autres Etats.

L'examen de ces éléments renseigne qu'il s'agit bien là des principes théoriques, qui en pratique se contredisent en fonction des capacités d'agir et nous renvoie par conséquent à l'étude simultanée des principes qui ressortent de l'égalité souveraine des Etats et de ses limitations. J'évoque les principes et l'exclusivité des compétences territoriales.

3.1.1. Principes

L'Etat est souverain dans son territoire et cela vaut aussi dans ses relations avec les autres Etats souverains. Cela revient à dire que la souveraineté de l'Etat repose sur deux piliers : la souveraineté dans l'Etat en interne et la souveraineté de l'Etat en externe.

A priori, la souveraineté dans l'Etat est le fait pour l'Etat d'être la seule autorité reconnue et acceptée dans toute son étendue territoriale. En dehors de l'Etat, il n'existe aucun autre organe ou autorité supérieure établie sur son territoire. Ainsi, l'aspect interne de la souveraineté peut se traduire par « *l'exclusivité des compétences* » reconnue à l'Etat sur son territoire et se fondant sur le principe de non-ingérence dans les affaires internes.

A posteriori, la souveraineté de l'Etat traduit l'affirmation selon laquelle l'Etat, bien que reconnu comme seule autorité dans toute son étendue territoriale, doit être reconnu également par la Communauté Internationale comme étant indépendant de toute injonction venant de l'extérieur. C'est l'aspect externe de la souveraineté qui se traduit par « *la non dépendance* » d'un autre pouvoir dans les relations extérieures. A travers l'égalité souveraine, c'est l'indépendance de l'Etat qui est affirmée.

La jurisprudence internationale assimile systématiquement souveraineté et indépendance. Ainsi, « *la souveraineté dans les relations entre Etats signifie l'indépendance de chacun d'entre eux* ». C'est ainsi qu'on parle en Droit International de l'intégrité territoriale (principe de non intervention).[1] Par ailleurs, la souveraineté trouve son fondement sur le principe de l'égalité de droit des peuples et leur droit à disposer d'eux-mêmes par la décolonisation, particulièrement pour les nouveaux Etats.

L'Etat, ainsi créé, devient capable de définir le cadre organisateur de son pouvoir, notamment la capacité de se doter d'une Constitution. En sa qualité d'autorité souveraine s'exerçant sur un peuple et un territoire déterminés, il peut donc légiférer souverainement sur toute question qui s'inscrit dans son espace politique, économique, territorial, etc. Ainsi, le droit à l'auto détermination implique même la souveraineté sur les richesses naturelles, qui apparaît comme l'une de ses composantes. Entre donc dans les compétences de l'Etat-nation, le droit d'établir des législations portant, entre autres, sur la fiscalité, le droit de douane et même sur les investissements.

Ainsi, l'Etat doit disposer d'une armée nationale capable de défendre l'intégrité territoriale de son étendue spatiale et d'une bonne police pour le maintien de la sécurité des personnes, de leurs biens et services en interne. Tous ces éléments constituent des appareils de coercition légitimement reconnus à l'Etat, sans oublier la justice, l'Administration.

L'Etat doit enfin, avoir une économie nationale bonne et diversifiée pour assurer le bien-être de ses membres. Il doit être maître de l'organisation de cette économie sur toute l'étendue territoriale avec forces centralisatrices et inclusives.

---

[1] NGUYEN Q.D., PELLET A. et DAILLIER P., *Droit International Public*, 7ème éd., LGDJ, Paris, 2002, p.424.

Par ailleurs, dans le cadre du respect de la souveraineté reconnue à l'Etat, l'article 2, §1 de la Charte stipule : « *l'ONU est fondée sur le principe de l'égalité souveraine de tous ses membres* ». En outre, l'égalité souveraine se forge dans ce sens que tous les Etats souverains sont dotés de la personnalité juridique internationale.

Dupuy P.M.,[1] renchérit « *qu'une telle personne morale est dotée de certaines capacités légales et se voit conférer par les normes de l'ordre juridique international l'aptitude à exercer des droits et à assumer des obligations. Cette personne morale est ainsi également un sujet de Droit International auquel pourront être imputés les actes des organes et agents individualisés agissant en son nom et investis du pouvoir de le représenter dans les relations internationales* ».

Ainsi, tous les Etats, en vertu du principe de l'égalité souveraine, ont les capacités internationales qui sont les possibilités d'agir juridiquement dans le cadre des relations internationales. On peut ainsi les regrouper en cinq catégories fondamentales :

- Capacité de produire des actes juridiques internationaux ;
- Capacité de se voir imputer des faits illicites internationaux et, par-là, d'engager sa responsabilité internationale ;
- Capacité d'accès aux procédures contentieuses internationales et aux organes de règlement pacifique des différends, qu'ils soient diplomatiques ou juridictionnels (arbitrage, Cour Internationale de Justice) ;
- Capacité de devenir membre et de participer pleinement à la vie des organisations internationales ;
- Capacité d'établir des relations diplomatiques (droit de légation active et passive).

En sus, outre les capacités, la personnalité juridique internationale confère aux Etats les compétences définies comme l'aptitude juridique à exercer certains pouvoirs, à la fois

---

[1] DUPUY P.M., *Droit International Public*, 4ème éd. Dalloz, Paris, 1998, p.54.

à l'égard de l'espace à l'intérieur duquel il exerce sa souveraineté ; c'est-à-dire le territoire, et à l'égard des personnes et des biens rattachés à lui par le lien de nationalité.

A ce sujet, il sied de souligner que les Etats sont juridiquement égaux. Ils jouissent des droits égaux et d'une capacité égale pour les exercer, et ont les mêmes devoirs. C'est ainsi que la Charte de l'Organisation des Etats Américains dispose que les droits de chaque Etat ne dépendent pas de la puissance dont il dispose d'en assurer l'exercice mais du simple fait de son existence en tant que personne de Droit International.

Il convient de noter avec Salmon J.,[1] que tous les Etats jouissent de l'égalité souveraine. Qu'ils ont les droits et des devoirs égaux et sont membres égaux de la Communauté Internationale, nonobstant les différences d'ordre économique, politique, social ou d'une autre nature.

Mais en pratique, nous constatons que tous ces principes ne sont pas respectés. Et ce sont les puissants Etats qui les foulent toujours au pied. Ceci nous limite à analyser le principe de l'intégrité territoriale et le principe de l'exclusivité des compétences territoriales. Le principe relatif à l'intégrité territoriale, part d'une constatation à double facette : le fait pour l'Etat de respecter l'intégrité de ses semblables et en contrepartie de voir son intégrité respectée. De cette réalité ressort deux principes, celui de l'utilisation non-dommageable du territoire national et de la protection de l'environnement hors des frontières nationales ainsi que de non-intervention.

Principe de l'utilisation non-dommageable du territoire

Dupuy P.M.,[2] signale que la Cour Internationale de Justice a été amenée, dans l'affaire du Détroit de Corfou, d'affirmer « *l'obligation pour tout Etat de ne pas laisser utiliser son territoire aux fins d'actes contraires aux droits d'autres Etats* ».

---

[1] SALMON J., *Dictionnaire du Droit International*, Bruyant, AUF, Bruxelles, 2002, p.419.

[2] *Droit... Op. Cit.,* p.120.

Il s'agit d'une conséquence directe de l'égalité et de la réciprocité des droits souverains. Ceci est particulièrement vrai s'agissant des conséquences des activités qu'un Etat déterminé peut entreprendre à l'intérieur de sa propre zone de compétences. Il devra veiller à s'assurer que des dommages ou préjudices divers ne seront pas entraînés sur le territoire des Etats par ses propres activités ou celles qu'il autorise. L'exercice par chacun de sa compétence territoriale, notamment en matière d'aménagement du territoire ou dans le cadre de l'exercice de sa souveraineté sur les ressources naturelles, ne peut s'effectuer que sans préjudice du droit des tiers.

Cette règle, de caractère coutumier, ne voit plus aujourd'hui sa portée limitée aux seules relations de voisinage entre Etats limitrophes. Elle a notamment pris, sur la base du principe 21 de la Déclaration de Stockholm sur l'environnement humain (1972), une portée considérable dans le cadre du Droit International de l'Environnement confirmant sa portée coutumière. Cette valeur coutumière a, en effet, été affirmée par la Cour Internationale de Justice, en particulier dans son avis consultatif de juillet 1996 relatif à la licéité de la menace ou de l'emploi d'armes nucléaires. Elle en reprendra les termes un an plus tard dans le premier arrêt de son histoire spécifiquement consacré en bonne part au Droit International de l'Environnement. Il s'agit de sa décision intervenue en l'affaire du projet Gabcikovo-Nagymaros entre la Hongrie et la Slovaquie (25 septembre 1997). Dans chacune de ces espèces, elle déclare : « *l'obligation générale qu'ont les Etats de veiller à ce que les activités exercées dans les limites de leur juridiction ou dans des zones ne relevant d'aucune juridiction nationale fait maintenant partie du corps de règles du Droit International de l'Environnement* ». D'une façon générale, le développement des technologies modernes rend possible à partir du territoire national la création des dommages affectant des territoires très éloignés du lieu d'origine de ses activités. Nous pouvons donner l'exemple des dommages occasionnés par la chute d'engins spatiaux ou d'aéronefs.

Notons cependant que l'obligation résultant du principe d'utilisation non-dommageable présente un caractère relatif et ne saurait entraver l'initiative de toute activité susceptible d'avoir des effets transfrontaliers.[1] A ce sujet, l'on peut relever aussi le détournement des eaux du Nil par l'Ethiopie au détriment de l'Egypte.

Il y a aussi le principe de non-intervention que j'éclaire dans les lignes ci-dessous.

Principe de non-intervention

La non-intervention se présente, à première vue, comme l'interdiction faite à tout Etat, comme corollaire du principe d'égalité souveraine, de s'immiscer dans les affaires internes ou externes relevant de la compétence exclusive d'un autre Etat. Dans ce sens, elle est synonyme de « *non-ingérence* ».

Ce principe met en jeu le droit de tout Etat souverain de conduire ses affaires sans ingérences extérieures, bien que les exemples d'atteintes au principe ne soient pas rares. Comme la Cour Internationale de Justice a eu l'occasion de le dire : « *Entre Etats indépendants, le respect de la souveraineté territoriale est une des bases essentielles de rapports internationaux* ».

Le Droit International exige aussi le respect de l'intégrité politique. Il n'est pas difficile de trouver de nombreuses expressions d'une *opinio juris* sur l'existence du principe de non- intervention en Droit International Coutumier.[2]

Il convient, en outre, de noter dans ce même ordre d'idées que la notion de l'exclusivité des compétences de l'Etat a pour conséquence l'interdiction faite aux autres Etats d'intervenir dans les matières qui relèvent du domaine réservé de l'Etat.

En revanche, dans un sens plus étroit, la non-intervention signifie pour Nguyen Q.D., Pellet A. et Daillier P.,[3] pour un sujet de droit, « *le respect du principe interdisant*

---

[1] DUPUY P.M., *La responsabilité... Op. Cit.* p.30.

[2] SALMON J., *Op. Cit.*, p.746.

[3] *Ibidem.*

de méconnaître l'intégrité territoriale d'un autre Etat en utilisant la « force » ou les « moyens assimilables ». Dans ce sens, la non-intervention renvoie à une obligation fondée non seulement sur le principe de non-ingérence. Mais aussi sur le principe de non recours à la force, tel que posé par l'article 2, §4 de la Charte de l'Organisation des Nations Unies.

Cet élément de contrainte, constitutif de l'intervention prohibée et formant son essence même, est particulièrement évident dans le cas d'une intervention utilisant la force, soit sous celle indirecte du soutien à des actions armées subversives ou terroristes, soit à l'intérieur d'un autre Etat.

Par ailleurs, l'Assemblée Générale de l'ONU, ainsi que plusieurs organisations régionales ont accordé une grande importance à la réaffirmation solennelle et générale du principe de non-intervention dans les affaires relevant de la compétence nationale des Etats. Il convient alors, pour une meilleure appréhension de ce principe, d'en préciser le contenu. En effet, si le principe est solidement ancré dans le droit positif, sa portée demeure incertaine aussi bien en ce qui concerne l'objet que les modalités de l'intervention prohibée.

S'agissant de l'objet, notons que la tentative est permanente pour les Etats de faire appel au principe de non-intervention de manière systématique, au besoin, en lui donnant une portée très vaste : la « *manipulation* » diplomatique de la théorie du domaine réservé favorise un retour aux conceptions initiales du domaine réservé par nature et de sa définition unilatérale et exclusive par chaque Etat. Dans son arrêt relatif aux activités militaires (Nicaragua/Etats-Unis d'Amérique), la Cour Internationale de Justice, sans prétendre donner une définition générale du principe de non-intervention, a cependant fourni d'importantes précisions sur ses éléments constitutifs.

D'après les formulations générales acceptées et soutenues, ce principe interdit à tout Etat ou groupe d'Etats d'intervenir directement ou indirectement dans les affaires intérieures ou extérieures d'un autre Etat.

S'agissant des modalités de l'intervention prohibée, ceci peut se justifier dans le passage précité de l'arrêt de 1986 de la Cour Internationale de Justice (Affaire Nicaragua/Etats-Unis d'Amérique) qui met en évidence le caractère fondamental de l'intervention prohibée. Elle comporte un élément de contrainte. Il en résulte en particulier que de simples critiques verbales ou des offres de négociations n'entrent pas dans cette catégorie. En revanche, s'il ne fait aucun doute que l'intervention armée est interdite par le Droit International contemporain, le seuil de la contrainte tolérable, inhérente aux relations entre entités inégales en fait, demeure indécis.

Dans la même affaire, la Cour a estimé que l'appui fourni par les Etats-Unis d'Amérique jusqu'à la fin septembre 1984, aux activités militaires et paramilitaires au Nicaragua, sous forme de soutien financier, d'entraînement, de fourniture d'armes, de renseignement et de soutien logistique constitue une violation indubitable du principe de non-intervention. Cet exemple vaut de même pour des interventions latentes puis visibles d'autres Etats dans la rébellion en République Démocratique du Congo de 1996 à 2006, voire de 2013 jusqu'en 2024, en Syrie...

La question se pose également de savoir si, même lorsque l'on se trouve en présence d'une intervention en principe prohibée, celle-ci peut se trouver légitimée. Dans certaines situations, les deux principales circonstances sont celles de l'intervention sollicitée d'une part, et de l'intervention d'humanité, d'autre part.

Que dire de l'exclusivité des compétences territoriales ?

3.1.2. Exclusivité des compétences territoriales

De l'exclusivité des compétences territoriales, découle le principe de non-ingérence. Le principe de non-ingérence dans les affaires intérieures d'un Etat et non celui de non-intervention, désigne l'obligation pour tout Etat de respecter le caractère exclusif des compétences territoriales d'un autre Etat. Le territoire étant envisagé ici non pas comme une chose placée dans sa possession, mais comme l'espace d'exercice de ses pouvoirs souverains, ou encore son imperium. Ainsi, non-ingérence et non-intervention s'alimentent cependant l'un et l'autre à la même source : « *la règle de l'égalité souveraine des Etats* ».[1]

Pour Salmon J.,[2] « *la non-ingérence est synonyme de non-intervention, dans son sens le plus large, parfois employée dans le sens d'un principe politique, selon lequel un Gouvernement s'astreint à une politique extérieure non-susceptible de constituer une ingérence* ». Il sied de noter que l'utilité de distinguer non-intervention et non-ingérence vient notamment du fait que les voies de l'ingérence dans les affaires intérieures d'un autre Etat peuvent emprunter d'autres modalités que celles du recours à la force armée. Ainsi, les pays en développement ont été maintes fois amenés à condamner l'ingérence directe dans l'exercice de leur souveraineté économique et politique (cas de la République Démocratique du Congo).

Ainsi, la non-ingérence constitue l'interdiction faite aux Etats tiers de s'immiscer dans la gestion économique, politique, juridique d'un autre Etat. Certes, l'Etat étant souverain, et surtout par la souveraineté dans l'Etat qu'il dispose, il doit être la seule autorité reconnue sur toute son étendue territoriale, il ne doit *en principe* recevoir aucune injonction dans la gestion de ses affaires intérieures. Ceci pour dire que l'ingérence dans les affaires intérieures est le fait de violer la « *souveraineté interne d'un Etat* et les interventions non sollicitée et d'humanité seront le fait de violer la *souveraineté de l'Etat* ».

Il convient de noter qu'avec des faits réels, tous ces principes ne semblent pas être respectés et garantis, à cause d'une part de la grande faiblesse des pays du Sud et de la superpuissance de ceux de Nord détenant tous les moyens possibles de nuisance. Ils sont contraignants à l'égard des premiers et complaisants à l'égard des seconds.

Cependant, il sied de noter qu'aucun principe n'est absolu, qu'à côté de chaque principe existent toujours des exceptions.

Que retenir sur la limitation aux principes ?

---

[1] DUPUY P.M., *Droit... Op. Cit.*, p.109.
[2]*Idem.*, p.746.

3.2. Limitations aux principes

Une question se pose : celle de savoir si des exceptions aux principes de non-intervention et de non-ingérence peuvent être envisagées. La réponse affirmative ne peut être apportée que de façon extrêmement restrictive. Il convient d'y insister, étant donné la tendance naturelle des Etats à justifier leurs interventions par différents arguments.

A ce sujet, le Droit International coutumier, la Cour Internationale de Justice, dans l'affaire Nicaragua/Etats-Unis d'Amérique, a notamment conclu que : « le Droit International contemporain ne prévoit aucun droit général d'intervention de ce genre en faveur de l'opposition existant dans un autre Etat ». Quant aux interventions motivées par le caractère prétendument illégitime parce que non-démocratique, des autorités de l'Etat sur lequel l'intervention a lieu, ne sont pas davantage justifiables en droit.

En pratique, deux motifs ont été traditionnellement avancés afin de justifier l'intervention et l'ingérence d'un Etat sur le territoire et dans les affaires intérieures d'un autre Etat. L'une concerne ce que l'on appelle « l'intervention sollicitée » par les autorités légitimes, l'autre est « l'intervention d'humanité ». Par ailleurs, il convient de noter que le principe de l'égalité souveraine trouve, en outre, une limitation dans la pratique des Etats, notamment, dans leur participation aux organisations internationales. Toutefois, il n'est plus secret pour personne que toutes ces interventions restent des méthodes contemporaines inventées et soumettant ainsi les Etats en voie de développement dans une soumission-exploitation, d'autant plus que bien de crises internationales sont en amont des créations de ces puissances agissant en aval en sapeur-pompiers. Il est aussi question d'établir des institutions nationales capables de faire face à tous dépassements comme le font la France, les USA,…

Je parle au point qui suit de l'ingérence humanitaire et égalité souveraine des Etats et de la participation des Etats aux organisations internationales.

3.2.1. Ingérence humanitaire et égalité souveraine des Etats

Comme nous n'avons de cesse à le relever, l'intervention ou l'ingérence peut se justifier sous deux angles : celui de l'intervention sollicitée et celui de l'intervention d'humanité.

Intervention sollicitée

En ce qui concerne l'intervention sollicitée par le Gouvernement légitime, c'est-à-dire celui établi conformément aux prescriptions du droit constitutionnel interne de l'Etat considéré, on pourrait a priori avancer deux arguments pour justifier sa licéité au regard du Droit International. Le premier est le suivant : dans la mesure où elle résulte de l'exercice par le Gouvernement sollicitant d'une compétence souveraine, l'Etat sollicité ne porte pas atteinte aux prérogatives de celui-ci. Il peut donc intervenir. Le second argument concerne la conjonction de l'intervention sollicitée avec l'exercice du droit de légitime-défense collective. Dans la mesure notamment où le Gouvernement sollicitant et l'Etat sollicité sont liés par un accord de défense mutuelle. On pourrait, en effet, considérer si les conditions d'invocation de la légitime défense énoncée à l'article 51 de la Charte des Nations Unies sont par ailleurs réunies, que l'Etat sollicité puisse intervenir légalement.

La légalité de l'intervention devra donc être examinée au cas par cas, en fonction de l'ordonnancement juridique caractérisant la situation existant entre ces deux Etats. Il faut cependant être conscient du fait qu'en pratique, ce genre de sollicitation est très souvent adressé par un Gouvernement à un autre dans le contexte particulièrement difficile d'une guerre civile ou conflit armé interne. Une considération supplémentaire intervient donc : celle de savoir si l'autorité sollicitante détient encore, sur une fraction suffisante du territoire national, l'effectivité des compétences territoriales. Dans le cas contraire, provoqué par la perte du contrôle d'une partie importante de ce territoire au bénéfice des insurgés, la légalité du Gouvernement en place pourrait être mise en cause.

Quant aux critères de la légitimité du Gouvernement sollicitant, ils peuvent être particulièrement difficiles à invoquer étant donné la diversité des interprétations que l'on peut donner. Il faut ici tenir compte de la tendance actuelle à l'émergence, en Droit International, de principes de légitimité interne des Gouvernements, sous l'effet des implications logiques de l'affirmation internationale des principales libertés publiques, envisagées comme droits de l'homme. Cette tendance, même si elle se heurte toujours aux réticences de nombreux pays en développement, s'est vue renforcée du fait de la disparition du conflit idéologique longtemps persistant entre pays socialistes et pays occidentaux. Elle est par exemple notable dans la Charte de Paris, texte non-juridiquement liant mais politiquement très significatif. L'on assiste de plus en plus à une suprématie idéologique occidentale, singulièrement américaine.

En pratique, l'invocation du caractère sollicité de l'intervention a souvent été avancée pour consacrer dans les faits la pérennité du système des zones d'influence de grandes puissances. Ce fut notamment encore le cas de l'intervention soviétique en Afghanistan en décembre 1979 comme de celle des Etats-Unis d'Amérique à La Grenade en 1983. Dans ce dernier cas comme dans bien d'autres, le caractère sollicité de l'intervention se trouve généralement combiné avec des motivations de caractère humanitaire. A ce stade, quelques cas africains de figure méritent d'être relevés de 2008 à 2019 : interventions françaises au Mali, en Côte d'Ivoire, au Tchad, en République Centrafricaine, interventions américaines au Libéria. Durant les attaques dont la RDC fit face de 1998 à 2001, elle sollicita et obtint les interventions angolaises, namibiennes, zambiennes et zimbabwéennes dans le cadre de la coopération au sein de la Communauté de Développement des Etats d'Afrique Australe ainsi que soudanaises et tchadiennes. Et en 2022, elle le sera auprès de la « *Communauté d'Afrique de l'Est* » [1] contre l'agression rwandaise sous couvert du Mouvement du 23 Mars aux résultats malheureusement controversés. Sous la guerre froide, la RDC

[1] Burundi, Kenya, Ouganda, Rwanda, Somalie, Soudan du Sud, Tanzanie.

(alors Zaïre) bénéficia des interventions de ses alliés dans le cadre du bloc capitaliste pour faire face à toutes les velléités insurrectionnelles. Les interventions marocaines et françaises ont été déterminantes pour mettre fin à la guerre de 1977, dite du Shaba contre les ex-gendarmes katangais. La France a toujours été sollicitée par ses anciennes colonies en Afrique dans le cadre de coopération ainsi établie.

Ingérence humanitaire

L'idée d'ingérence humanitaire est apparue durant la guerre du Biafra (1967-1970). Le conflit a entraîné une épouvantable famine, largement couverte par les médias occidentaux mais totalement ignorée par les Chefs d'Etat et de Gouvernement au nom de la neutralité et de la non-ingérence. Cette situation a entraîné la création d'ONG comme Médecins sans frontières qui défend l'idée que certaines situations sanitaires exceptionnelles peuvent justifier à titre extraordinaire la remise en cause de la souveraineté des Etats. Le concept a été notamment théorisé par Bettati M.,[1] et Kouchner B.,[2] à la fin des années 1980.

Cette notion d'ingérence peut être confondue dans plusieurs cas pour ainsi violer les principes cardinaux de l'égalité souveraine des Etats. Ainsi, la notion internationale de l'ingérence ou intervention d'humanité, réside dans la précision de son contenu.

Les défenseurs de l'ingérence humanitaire la justifient principalement au nom d'une morale d'urgence : « *on ne laisse pas les gens mourir* ». Elle puise son fondement dans la déclaration universelle des droits de l'homme de 1948. Pour eux, une ingérence n'est donc légitime que lorsqu'elle est motivée par une violation massive des droits de l'homme et qu'elle est encadrée par une instance supranationale, typiquement le Conseil de Sécurité de l'Organisation des Nations Unies.

Bettati M.,[3] précise en ces termes :

---

[1] BETTATI M., *Le droit d'ingérence*, Ed. De noël, Paris, 1978.
[2] KOUCHNER B., *Le malheur des autres*, Odile Jacob, Paris, 1991.
[3] *Idem.*, p.12.

« *L'ingérence désigne en Droit International l'immixtion sans titre d'un Etat ou d'une organisation internationale dans les affaires qui relèvent de la compétence exclusive d'un Etat tiers* ».

On ne devrait donc retenir dans le champ du droit d'ingérence humanitaire que les actions transfrontalières des Gouvernements ou des organismes publics internationaux, à l'exclusion des Organisations Non Gouvernementales dans la mesure où, comme leur nom l'indique, elles sont non gouvernementales.

Soulignons en outre que le droit d'ingérence tel que défini par ses créateurs est, pour eux, un devoir qui est devenu un Droit International. En revanche, les opposants au concept le voient par exemple comme un devoir qui ne manifeste qu'un néocolonialisme malvenu, illégal. Donc « *ne crédite aucune validité au droit d'ingérence* ».[1] Ainsi, là où il y a plus d'intérêt (pétrole notamment), on y intervient rapidement. Mais là où l'intérêt est minime, l'intervention reste timide. C'est dans cette logique qu'il faut placer en 2019 l'intervention controversée américaine au Venezuela (par le pouvoir illégal) suite aux tensions et crises entretenues par les puissances occidentales autour du pouvoir ; ce, après avoir dévalisé le pouvoir établi (Maduro disciple de Chavez, contre ladite intervention) en faveur d'un autoproclamé et son protégé (Guaido). Ainsi, le Venezuela vit une période difficile à cause notamment de son pétrole qu'Hugo Chavez a dû lourdement payer pour « *l'avoir rendu au peuple* ».[2] Par contre, pendant que Haïti présente en 2019 tous les états susceptibles d'assistance, les grandes puissances mondiales en commençant par les plus proches, le regardent sans intéressement car non attirant. En RDC, les assistances humanitaires passent aussi par les organismes de l'ONU. Ceux-ci, sont plus concentrés dans sa partie orientale à cause des stratégiques ressources y trouvées *tout en renforçant*

---

[1] DEMANGE A., *Le Droit d'ingérence ou la souveraineté des Etats*, Mémoire de Master, Institut d'Etudes Politiques de Lyon, Lyon, 2001, p.17.

[2] COLLON M., *Les 7 péchés d'Hugo Chavez*, Investig'Action-Couleur livres, Bruxelles-Charleroi, 2009, p.404.

la situation chaotique ; mais ils sont impuissants dans d'autres parties ne présentant pas les mêmes intérêts.

Notion discutée et contestée depuis sa naissance, en 1987, dans la mouvance du « *mouvement sans-frontières* » (Médecins du monde, Médecins sans frontières, Reporters sans frontières, etc.), le droit d'ingérence comporte un contenu éthique, politique et juridique. Il est à la fois « *droit de* », « *droit à* », et même « *devoir* », selon le côté où on se situe, celui de l'homme moral qui, doublement, croit devoir agir et se croit en droit d'agir, ou bien du côté de la victime, qui est en droit d'attendre une aide. Le droit d'ingérence sonne à la fois comme un devoir et un droit. Il est droit pour l'ingéré ; et il est droit et devoir à la fois pour l'ingérant.

L'ingérence humanitaire est, à la fois, un droit subjectif (comme attente personnelle) et un droit positif (défini par des règles explicites, objectives, au niveau international, notamment par la Charte de l'ONU et par les Résolutions du 8 décembre 1988 et du 14 décembre 1990 de l'Assemblée Générale).

Ainsi, par exemple la Charte, dans son article 42, dispose : « *si le Conseil de Sécurité estime que les mesures prévues à l'article 41 seraient inadéquates ou qu'elles se sont révélées telles, il peut entreprendre, au moyen de forces aériennes, navales ou terrestres, toute action qu'il juge nécessaire au maintien ou au rétablissement de la paix et de la sécurité internationales* ». Cette action peut comprendre des démonstrations, des mesures de blocus et d'autres opérations exécutées par des forces aériennes, navales ou terrestres de membres des Nations Unies. C'est ce qui est couramment appelé « *opération de maintien de la paix* » des Nations Unies.

Quand bien même que la Charte n'autorise les Nations Unies à intervenir dans les affaires qui relèvent essentiellement de la compétence nationale d'un Etat, elle reconnaît pour celles-ci le droit d'application des mesures de coercition prévues au chapitre VII. Soulignons en sus que l'ingérence humanitaire est un droit politique en ce qui concerne l'appréciation et la détermination des normes éthiques et pratiques pouvant justifier l'ingérence. La politique de l'ingérant détermine aussi bien l'opportunité que la nature, le degré et la durée de l'ingérence.

Le droit d'ingérence est ambivalent ou, si l'on veut, trivalent et, aux yeux de plusieurs juristes, fondamentalement ambigu et inapproprié parce que véhiculant une confusion dangereuse. Sa prétention à la nouveauté est récusée. On le juge superfétatoire face à l'existence de plusieurs instruments juridiques déjà présents dans le Droit International.

Russbach O.,[1] le pense même être une tentative d'escroquerie : un « *détournement du Droit Humanitaire* » créé depuis par Henri Dunant avec la Croix Rouge et confirmé par la Charte des Nations Unies, sur la Convention de La Haye et les Conventions de Genève (1949) et leurs Protocoles additionnels (1977). On le dit être « *un droit aux fondements incertains, au contenu imprécis et à géométrie variable. On le pense susceptible de justifier toutes sortes d'interventions, même agressantes, et secrètement chargées de désirs d'hégémonie, d'intensification de l'exploitation et de recolonisation des Etats faibles* ».

C'est au nom de la conscience morale supposée universelle et, en particulier, au nom de la morale des droits de l'homme que le droit d'ingérence se trouve affirmé avec insistance. Kouchner B. et Bettati M.,[2] premiers promoteurs de ce « *nouveau* » droit, le fondent sur une « *morale de l'extrême urgence face à l'inhumanité, la barbarie de la fin du XX-ème siècle* ». Le droit d'ingérence est donc toujours déjà, un droit humanitaire. Tout autre droit d'ingérence est non fondé, il est un non-droit, une agression pure et simple. Fondé sur la morale de l'extrême urgence, « *le droit d'ingérence se donne comme un droit de réponse au malheur des autres* », un droit d'agir chez les autres, et éventuellement sans leur consentement. Il se fonde sur l'aspiration dont la légitimité interdit à la conscience de refuser d'apporter assistance à quiconque se trouvant en danger réel de mort et d'indignité.

---

[1] RUSSBACH O., *ONU contre ONU, Le Droit International confisqué*, La découverte, Paris, 1994, p.56.

[2] KOUCHNER B. et BETTATI M., *Le devoir d'ingérence. Peut-on les laisser mourir ?*, Denoël, Paris, 1987, p.86.

Bien que depuis décembre 1988, la notion d'ingérence humanitaire soit reconnue par le Droit International, certains pensent qu'elle devrait rester dans la sphère des valeurs strictement morales. Cette notion est en effet totalement contraire aux fondements du Droit International qui stipule qu'un Etat n'est lié par une règle de droit que s'il l'a acceptée en ratifiant un Traité ou en adhérant à une règle préexistante. Dans la pratique, les actions d'ingérence humanitaire sont toujours réalisées par des contingents nationaux. Ce qui peut impliquer deux situations relativement différentes : le « *droit* » d'ingérence et le « *devoir* » d'ingérence.

Le droit d'ingérence, est la reconnaissance du droit qu'ont une ou plusieurs nations de violer la souveraineté nationale d'un autre Etat, dans le cadre du mandat accordé par l'autorité supranationale. Dans la pratique, et au nom de l'urgence humanitaire, il n'est pas rare que le mandat soit fourni rétroactivement. Ainsi l'intervention de la France en Côte d'Ivoire en 2011 suite aux violences électorales s'est faite initialement sans mandat de l'ONU, voire celle des Etats-Unis d'Amérique en Irak contre les *soi-disant* armes de destruction massive que cachait Saddam Hussein.

Cependant, *le devoir d'ingérence est l'obligation qui est faite à tous les Etats de fournir assistance à la demande de l'autorité supranationale.* Il est évident que c'est cette notion qui est la plus proche du concept originel d'ingérence humanitaire. Elle est également largement rejetée par les Etats membres de l'ONU qui y voient une remise en cause inacceptable de leurs prérogatives.

En dépit des idées humanistes du concept, qui place au premier rang des valeurs comme la démocratie ou le respect des droits de la personne humaine, il a dès l'origine suscité le questionnement, voire critique.

Dans les faits, une mission d'ingérence est parfois contraire aux objectifs fondamentaux de l'ONU (le maintien de la paix), en tout cas toujours en contradiction avec l'article 2.7 de la Charte de l'Organisation des Nations Unies.

De ce qui précède, la création de ce concept n'a pas lieu d'être. En effet, la Charte des Nations Unies contient déjà de nombreuses dispositions allant dans ce sens, en particulier, dans les chapitres VI et VII. Il ne s'agissait donc pas de la création d'un nouveau droit, mais simplement de la mise en application de droits déjà existants.

Plus fondamentale que ce problème de droit, l'ingérence humanitaire souffre d'un certain nombre de contradictions qui sont principalement dues à la confusion volontairement entretenue entre droit et devoir d'ingérence. Il est en effet difficile dans ces conditions de séparer les mobiles humanitaires des mobiles politiques et d'assurer du total désintéressement des puissances intervenant.

Bien qu'elle se veuille universelle, la déclaration des droits de l'homme est fortement influencée par les travaux des philosophes occidentaux du siècle des Lumières et plus généralement par la morale judéo-chrétienne. L'ingérence a donc toujours été une action dirigée depuis le Nord vers les pays du Sud. Il est ainsi peu vraisemblable que des contingents congolais seront un jour chargés de mission de maintien de la paix en France, ou que des Ethiopiens interviendront aux USA, des Haïtiens en Russie...

En réalité, les Etats puissants ont peu de risque d'être cible d'une action d'ingérence. Par exemple les populations de Tchétchénie sont sans doute autant en danger aujourd'hui que l'ont été les Kosovars il y a quelques années. Mais la Russie étant infiniment plus puissante sur la scène internationale que la Serbie, il est peu probable qu'une action internationale se mette en place. C'est dans cette logique que les grandes puissances sinon la communauté internationale suivirent silencieusement les contestations sociales déterminées des *gilets jaunes* en France dès novembre 2018. Mais, l'unique intervention tentée de l'Italie en 2019 a conduit à des relations diplomatiques tumultueuses obligeant d'abord la France à rappeler son représentant et à le réhabiliter ensuite.

Il est donc logique qu'une remise en cause dissymétrique de la souveraineté des Etats se heurte à des réticences très fortes. Ainsi le sommet du G-77, qui réunit les Etats les plus pauvres, a condamné en 1990 le « *prétendu droit d'intervention humanitaire* » mis en avant par les grandes puissances.

En Occident également, l'ingérence humanitaire a des opposants. Nombreux trouvent qu'elle ressemble un peu trop au colonialisme du XIXème siècle, propageant les valeurs de la démocratie libérale et considérant les autres cultures comme quantité négligeable. Il lui est également reproché son caractère « *urgentisme* » événementiel. Elle a tendance à s'exprimer dans le chaud de l'action pour donner bonne conscience aux téléspectateurs occidentaux, et à négliger les conflits oubliés par les médias ou les détresses chroniques. Comme le prouve la crise ouverte autour de l'intervention américaine en Irak, le délicat équilibre entre la répression des bourreaux et le respect de l'égalité souveraine des nations reste donc à trouver.

Partant de tout ce qui précède, il y a lieu de remarquer que le principe de l'égalité souveraine des Etats se heurte à plusieurs sortes de limitations. Ainsi, l'Etat peut voir son intégrité territoriale entachée, notamment, dans le cadre de l'intervention sollicitée soit il accepte volontairement l'intervention d'un Etat soit d'une organisation internationale sur son territoire. En outre, les organisations internationales en général et l'ONU en particulier, peuvent agir dans le cadre de l'application des chapitres VI et VII de la Charte, sous forme des opérations de maintien de la paix dans un Etat avec ou sans le consentement de ce dernier en vue de sauvegarder la paix et la sécurité internationales.

Cependant, il sied de souligner avec toute sérénité que le Droit International n'autorise pas à un Etat d'intervenir dans les affaires intérieures d'un autre même sous prétexte d'intervention humanitaire (mais pour des intérêts non déclarés il est tout de même utilisé). Cette pratique devra être rejetée en vertu du principe de l'égalité souveraine des Etats. Outre la limitation de l'intervention sollicitée et d'ingérence humanitaire, le principe d'égalité souveraine trouve d'autres limitations notamment dans la pratique des Etats, particulièrement dans leur participation aux organisations internationales.

Que dire de la participation des Etats au sein des organisations internationales ?

3.2.2. Participation des Etats aux organisations internationales

Bien qu'étant égaux sur le plan de droit, les Etats demeurent différents et inégaux quant à leur niveau économique, militaire soit de développement. Ainsi, le principe d'égalité souveraine en trouve quelques limitations, notamment dans la constitution de l'Organisation des Nations Unies et dans les institutions financières internationales.

Participation des Etats à l'ONU

De prime abord, il sied de noter que la Charte de l'ONU apparaît comme une réaction à ce qui a constitué une cause d'échec de la Société Des Nations qui, par son impuissance à mettre sur pied un système efficace de sécurité collective, et d'atténuer les divergences internes entre ses membres, n'avait pas pu empêcher l'Allemagne de reprendre les armes.

De la Charte Atlantique (14 août 1941) en passant par la Déclaration de Washington (1er janvier 1942), les Conférences de Moscou et de Téhéran (octobre 1943), la Conférence du Dumbarton Oars (7 octobre 1944), la Conférence de Yalta (4 - 11 février 1945) à la Conférence de San Francisco (du 25 avril - 26 juin 1945), la Charte de l'ONU fut mise en place. Ont pris part à cette Conférence à San Francisco, les puissances invitantes désignées par les accords de Yalta, c'est-à-dire les USA, la Grande Bretagne, l'URSS et la Chine. La France s'est rendue en qualité d'invitée car n'ayant pas voulu endosser la responsabilité des décisions prises en dehors d'elle.

Il sied de remarquer de cette organisation que les vainqueurs de la deuxième guerre mondiale, après la chute de la Société Des Nations, se sont donnés le privilège de se conférer la qualité de membres permanents du Conseil de Sécurité. Et, l'Assemblée Générale regroupa tous les membres originaires comme adhérents de l'Organisation des Nations Unies.

Certes, la Charte de San Francisco garantit l'égalité des membres de l'ONU, quant à leur participation, au niveau de l'Assemblée Générale. Ainsi, l'article 9 stipule : « *l'Assemblée Générale se compose de tous les membres des Nations Unies.*

Chaque membre a cinq représentants au plus à l'Assemblée Générale ».

Par ailleurs, notons que chaque membre du Conseil de Sécurité dispose d'une voix. Et bien que les décisions du Conseil de Sécurité sur des questions de procédure soient prises par un vote affirmatif de neuf membres, les décisions sur toutes autres questions sont prises par un vote affirmatif de neuf de ses membres dans lequel sont comprises les voix de tous les membres permanents, etc.

De l'examen de ces dispositions de la Charte, il sied de constater que le principe d'égalité souveraine trouve des limitations également au niveau, a priori, de la composition du Conseil de Sécurité par la présence des membres permanents et non-permanents. A posteriori, il convient de signaler qu'au niveau de vote, au sein du Conseil de Sécurité, le système se trouve dominé par la prééminence reconnue par la Charte aux cinq membres permanents (USA, Russie, Royaume-Uni, France, Chine).

Ce système repose donc sur la capacité des Etats de prendre une part effective à la lourde responsabilité du maintien de la paix et de la sécurité internationales dévolue au Conseil de Sécurité. Notons que le principe du droit de veto avait été accepté à la Conférence de Yalta et réaffirmé à Dumbarton Oars. Toutefois, avec l'émergence de nouvelles forces dans le concert des nations, plusieurs d'entre elles réclament l'élargissement dudit Conseil. Mais en réalité, cette question est loin d'être résolue, car il s'agit pour ces puissances de continuer à dominer le monde selon leur volonté.

Participation aux Institutions Financières Internationales

En vue de dégager l'inégalité existant entre ses membres dans ce qu'on appelle système de « *pondération de voix* », nous avons de ce fait, fait recours à une des institutions de Bretton Woods.

Le *Fonds Monétaire International* (FMI), est une de puissantes institutions financières au service de l'Organisation des Nations Unies au mieux des Américains « *machins au service des Américains* » comme le déclarait le Président français Charles de Gaulle, contrôlant le système financier du monde. Mais il en existe aussi d'autres la *Banque Mondiale* (BM), l'*Organisation Mondiale du Commerce* (OMC), etc.

En tant qu'appareils de domination, Bongeli E.,[1] et Passou Lundula,[2] affirment que ces institutions (de Bretton Woods) qui, en principe, devraient disparaître à l'échéance des accords de Bretton Woods en 1971, se voient confier une nouvelle vocation. Celle de jouer aux appareils financiers du capitalisme mondialisé. De ce fait, « *au lieu de servir aux équilibres, le FMI aggrave plus la situation* ».[3]

Pour pouvoir venir en aide à ses membres en difficulté, Pellet A.,[4] affirme que « *le FMI dispose de ressources diverses. Celles-ci sont principalement constituées d'une part par son capital et, d'autre part, par des emprunts contractés auprès de certains Etats membres ou de leurs institutions financières, auxquels s'ajoutent les ressources potentielles au titre des accords généraux d'emprunt* ». En outre, le *FMI peut créer des instruments de réserve qu'il alloue à ses membres : les Droits de Tirages Spéciaux* (DTS). A ce sujet, plusieurs pays dits pauvres ont présenté des doléances et continuent à le faire en ce qui concerne les conditionnalités auxquelles ils sont soumis pour différents programmes d'aide.

Les ressources du Fonds proviennent des contributions des membres liées à leur taille économique. Ceci, entraîne de facto, et logiquement, une inégalité légitime entre les membres. C'est ainsi qu'on parle du système de « *Pondération de Voix* ». En outre, cette inégalité se justifie surtout dans le monde actuel où le capitalisme bat le record avec la mondialisation croissante.

Les décisions du Conseil des gouverneurs du FMI, l'organe supérieur, sont prises sous forme de résolutions qui, à la différence des résolutions des autres organisations

---

[1] *La Mondialisation... Op. Cit.*, p.53.

[2] PASSOU LUNDULA, *L'Occident et nous*, Editions Passou, Lubumbashi, 1998, p.149.

[3] KRUGMAN P.R., *Pourquoi les crises reviennent toujours*, Nouveaux Horizons, Paris, 2009, p.20.

[4] PELLET A., *Les relations monétaires, Droit International, bilan et perspectives*, Tome 2, A. Pedone, Paris, 1991, p.698.

internationales, ont un caractère contraignant pour tous les membres. Les votes de ces résolutions n'obéissent pas à la règle traditionnelle « *d'un Etat, une voix* ». En effet, « *le nombre de voix dont dispose chaque Etat est fonction du montant de ses quotas* ».[1] La répartition des droits de vote suit la logique de pondération de voix, ainsi demeure inégale entre les membres du FMI.

En tant qu'élément essentiel de considération d'un Etat, la souveraineté est confrontée à la mondialisation. Garantie par la Charte des Nations Unies, la souveraineté doit être égale pour tous les Etats. Ainsi, cette souveraineté permet à l'Etat de jouir de tous les privilèges comme tous les autres Etats. Il s'agit donc de l'indépendance de l'Etat qui ne peut subir aucune autre force pour la contraindre sans son consentement. Bref, de la souveraineté dans l'Etat et de l'Etat.

C'est cette qualité qui donne la possibilité à l'Etat de disposer de lui-même. Mais, dans le cadre de la préservation de la paix et de la sécurité internationales, cette souveraineté peut subir quelques attaques. Et ceci se fait soit sur sollicitation dûment certifiée par l'Etat menacé soit pour raisons humanitaires. Il s'agit là du droit d'ingérence dans le cadre de l'ONU. Mais il est constaté que cette pratique d'ingérence est souvent utilisée par les Etats du Centre créant des situations de chao leur permettant de contrôler les politiques des Etats dits de la périphérie.

L'idéal étant de voir les Etats en étroite égalité, il est évident de constater que le poids pour un Etat influence sa souveraineté. Déjà au sein même de l'organisation mondiale, le déséquilibre se crée. Tel que le droit de veto réservé aux cinq Etats membres permanents du Conseil de Sécurité. Tout ceci passe par le poids économique d'un Etat. N'est-ce pas le Général Charles de Gaulle traitait à son époque l'ONU de *machin au service des USA ?*

---

[1] BAKANDEJA G., *Le Droit du Commerce International : les peurs justifiées de l'Afrique face à la mondialisation des marchés*, Deboeck, Paris, 2001, p.36.

Tout ceci démontre que le principe d'égalité souveraine des Etats n'est qu'un mot de lèvre. Alors les efforts des Etats fragiles doivent se focaliser dans la consolidation de leur puissance pour s'affirmer une place de choix dans le concert de nations.

Il convient d'envisager présentement le rapport entre la mondialisation et l'Etat.

Les Etas – nations, depuis le Traité de Westphalie en 1648, restent l'unité fondamentale du système – monde contraints de rester à côté d'autres acteurs de la scène internationale. En effet, la capacité d'un Etat au – delà des éléments qui le constituent, il est tenu, à travers sa souveraineté. Celle – ci est cette capacité lui permettant d'agir de l'intérieur tout comme de l'extérieur. La mondialisation faisant entrevoir le conflit de souveraineté rend, en pratique au- delà de la théorie, certains Etats plus souverains que les autres. Et, c'est ce qui permet à un Etat mû par le déterminisme de puissance, d'élargir contre gré mal gré sa puissance.

IV.
Mondialisation et Etat

Ce point a pour pierre de touche le rapport entre la mondialisation et l'Etat. En effet, véhiculant le libéralisme politique, la mondialisation a des effets directs sur la vie des Etats. Il sera donc opportun de traiter ce que devient le pouvoir étatique dans ce nouveau phénomène en vue de découvrir le rapport, souveraineté-mondialisation, démocratie-mondialisation.

Sont traités, le pouvoir de l'Etat dans la mondialisation, l'équilibre entre démocratie et capitalisme, la rupture de l'équilibre et la Démocratie dans la mondialisation.

4.1. Pouvoir de l'Etat dans la mondialisation

L'Etat-nation constitue l'unité de base du système international, depuis près de cinq siècles. La signature du Traité de Westphalie en 1648 a consacré une nouvelle conception du Droit International connu sous la dénomination de modèle (ou système) de Westphalie, qui s'est terminé en 1945 pour certains auteurs. Mais qui reste toujours en vigueur pour d'autres. « Ce modèle représente en fait *une trajectoire normative du Droit International qui n'a été complètement articulée qu'à partir du début du XIXème siècle* ».[1] Ceci, lorsque les principes de souveraineté territoriale, d'égalité entre les Etats, de non-intervention, et de consentement de l'Etat en tant que fondement de toute obligation légale internationale ont été reconnus par la majorité des membres de la Communauté Internationale.

Le modèle de Westphalie se résume comme suit :

- Le monde se divise en territoires souverains qui ne reconnaissent pas d'autorité supérieure.

[1] KRULIC B., *La Nation. Une idée moderne*, Ellipses, Paris, 1999, p.157.

- Les mécanismes de règlement des différends, de création et d'application du droit sont principalement entre les mains des Etats.
- Tous les Etats sont considérés légalement égaux : la règle de droit ne tient pas compte des asymétries de pouvoir.
- Les différends entre les Etats sont souvent réglés par la force ; le Droit International n'offre qu'une protection minimale.
- Les Etats ont des relations diplomatiques entre eux. Mais, la coopération est minimale, le principe d'intérêt national ayant priorité sur tous les autres.

L'autorité de l'Etat s'est affirmée avec le temps. Mais, celui-ci n'a jamais été le seul et unique acteur du système international. « *Les villes, les hiérarchies religieuses, les multinationales, les personnalités de haute envergure, par exemple, ont joué des rôles de premier plan sur la scène internationale, mais ont graduellement été reléguées au second plan avec la montée de l'Etat-nation qui est resté jusqu'à ce jour, l'élément central du système international* ».[1]

Depuis quelques années cependant, ces rôles prédominants sont remis en question du fait que le déclin de l'Etat-nation est déjà amorcé et que les forces de la mondialisation et dans la mondialisation pourraient même, à terme, le faire disparaître.

Une forte opposition s'est mobilisée contre cette thèse, amorçant ainsi une série de débats sur l'avenir de l'Etat, ses rôles, ses fonctions et ses responsabilités dans le contexte de la mondialisation.

Quatre sous-points constituent mon analyse: les débats sur la dégradation du pouvoir de l'Etat : thèses en présence, la mondialisation face à la nature de l'Etat, la géographie/territorialité de la mondialisation et la Mondialisation face à la souveraineté des Etats.

---

[1] BUZAN B. et LITTLE R., *Beyond Westphalia? Capitalism after the Fall*, in *Review of International Studies*, 2000, p.57.

4.1.1. Débats sur la dégradation du pouvoir de l'Etat : thèses en présence

L'Etat est-il substantiellement affecté par la mondialisation ? De ce fait, trois types de positions en présence regroupent la grande diversité d'opinions à cet égard.

- La mondialisation entraîne de profondes transformations structurelles du système international provoquant par le fait même un changement fondamental dans la nature de l'Etat, voire sa disparition dans sa forme actuelle ;
- La mondialisation n'affecte que marginalement la nature de l'Etat ;
- L'Etat n'est pas fondamentalement menacé par la mondialisation, mais sera tout de même amené à modifier ses rôles et ses fonctions.

Il convient de résumer les aspects de la mondialisation qui sont perçus comme ayant un certain impact sur la nature, les rôles et/ou les fonctions de l'Etat.

Selon Smith D.A. et al.,[1] il y a deux dimensions essentielles de l'Etat qui peuvent être affectées : sa légitimité (c'est-à-dire le consentement des gouvernés) et sa capacité d'agir. Plusieurs aspects de la mondialisation sont en mesure d'influencer l'une ou l'autre de ces dimensions. Les plus importants sont sans doute la contrainte systémique imposée par les forces impersonnelles des marchés financiers internationaux sur les Gouvernements nationaux et la montée en puissance des entreprises privées sous la forme des firmes multinationales.

Ces tendances sont renforcées par une vague de nouvelle réglementation au niveau national parfois compensée par la création ou le renforcement d'institutions internationales (ou même supranationales comme dans le cas de l'Union Européenne) ayant des pouvoirs croissants de régulation. Il ne faut toutefois pas perdre de vue que les Etats sont affectés de façon très inégale par ces facteurs, en fonction de leur taille, leur

---

[1] SMITH D.A. et al., *States and Sovereingty* in *the Global Economy*, Routledge, Londres et New-York, 1999, p.67.

structure, leur cohésion et leur degré d'intégration à l'économie mondiale.

D'autres aspects de la mondialisation (les aspects non économiques) peuvent également avoir un impact considérable sur le pouvoir des Etats. Pour Emmott B.,[1] « *la puissance des télécommunications par satellite pour transmettre du texte et des images à bas prix a fait plus pour affaiblir le contrôle des Gouvernements que n'importe quel géant capitaliste intrigant* ».

La mondialisation entraîne de profondes transformations structurelles du *système-monde* provoquant par le fait même un changement fondamental dans la nature de l'Etat, voire sa disparition dans sa forme actuelle.

Les partisans de cette thèse dénommés « *globalistes* » ou « *hyperglobalistes* » soutiennent que l'Etat est déjà en perte de vitesse face à la grande mobilité du capital international et l'importance croissante de grandes entreprises. L'espace national est battu en brèche par le développement d'espaces transnationaux, ce qui menace sérieusement le pouvoir de l'Etat.

L'éclatement du système westphalien des relations internationales sous les poussées de la mondialisation signifie un rôle et un pouvoir décroissants pour l'Etat-nation, déjà en situation de grande faiblesse, alors même qu'émergent un nouveau système mondial et de nouveaux acteurs transnationaux. « L'Etat doit donc *s'adapter à l'environnement émergeant sous peine de voir son incapacité croissante à prendre en charge ses problèmes transnationaux les reléguer au statut d'acteur marginal* ».[2]

Que retenir de la mondialisation face à la nature de l'Etat?

---

[1] EMMOTT B., *Le retour en grâce des multinationales, Problèmes économiques*, The Economist, New-York, 1995, p.57.

[2] GIRON A. et CORREA E., *La mondialisation des marchés financiers : déréglementation et crises financières*, in *Revue Internationale des Sciences Sociales*, n°160, 1999, p.81.

4.1.2. Mondialisation face à la nature de l'Etat

« *La mondialisation n'affecte que marginalement la nature de l'Etat* ». Ce point de vue représente celui des sceptiques. Ceux-ci dénoncent la conception simpliste des *hyperglobalistes* qui considèrent le « *national* » et le « *mondial* » comme deux sphères s'excluant mutuellement, l'une croissant au détriment de l'autre.

Les *sceptiques* maintiennent qu'il y a une distinction entre les flux internationaux (entre des entités opérant dans différents pays) et les flux transnationaux (entre des entités opérant indépendamment du territoire où elles se trouvent). Ils rappellent également que l'Etat-nation a toujours été impliqué dans différents réseaux d'interactions transfrontaliers et que toutes les relations et transactions ont lieu à l'intérieur de frontières nationales définies et sont en principe sujettes aux lois de l'Etat-nation.

La question pertinente qu'il faut poser afin de déterminer si l'Etat joue un rôle de moins en moins important dans l'économie globale est donc la suivante : « *y a-t-il croissance du poids des réseaux transfrontaliers/mondiaux relativement à celui des réseaux nationaux et internationaux* » ?

A cette question, les *sceptiques* répondent par la négative puisque « *le commerce mondial, même libéralisé comme il ne l'a jusqu'ici jamais été, reste dominé par les rapports de force entre nations* ». Cet argumentaire invalide la thèse des *hyperglobalistes* selon laquelle « *l'économie nationale est de plus en plus marginalisée* ».[1]

Cela ne signifie pas pour autant que le pouvoir étatique demeure intact. Certains réajustements sont inévitables pour accommoder la mobilité croissante du capital financier et industriel. Mais l'Etat reste malgré tout l'unité principale du système international basé sur le modèle westphalien. L'Etat n'est pas fondamentalement menacé par la mondialisation, mais sera tout de même amené à modifier ses rôles et ses fonctions.

---

[1] MISTRAL J., *Echanges internationaux et croissance*, *Problèmes économiques*, n°2.415-2.416, 15-22 mars 1995, in *Après-demain*, n°362, 1994, p.15.

Les *transformationalistes* partagent le point de vue des *sceptiques* en ce qui concerne l'erreur fondamentale des *hyperglobalistes*. Celle-ci est de croire que les gains et les pertes de l'économie mondiale par rapport à ceux de l'Etat constituent un jeu à somme nulle. Les Etats, ont engendré la mondialisation eux-mêmes et ne sont pas « *court-circuités* » mais plutôt « *réorganisés* » par le processus d'intégration.

Puisque les processus mondiaux se matérialisent dans les territoires nationaux, un des nouveaux rôles de l'Etat est de négocier l'intersection des lois nationales et des acteurs étrangers. Les Etats sont donc de plus en plus impliqués dans la mise en œuvre du nouveau système économique mondial et voient leurs structures institutionnelles transformées par la même occasion. Ce qui se traduit le plus souvent par un changement de la répartition du pouvoir décisionnel entre les différentes institutions.

« Les *transformationalistes* sont enclins à reconnaître *un déclin limité du pouvoir de l'Etat puisque les Gouvernements sont moins en mesure de réagir aux défis majeurs auxquels la société mondiale est confrontée en raison de la croissance des processus transnationaux* ».[1] Ce n'est pas, selon Held D. et al.,[2] « *la fin de la souveraineté, mais une altération dans l'exclusivité et l'étendue des compétences gouvernementales* ».

Abordant le problème d'un angle différent, en analysant l'impact de la mondialisation sur le couple Etat/Nation, l'économie mondiale a pour effet de reproduire les Etats et d'effacer les Nations. Bien que le principe d'Etat-nation remonte au milieu du XVIIème siècle, ce n'est qu'au XIXème siècle que s'est effectuée la constitution de véritables Etats-nations,

---

[1] SASSEN S., *Embedding the global in the national*, in Smith D.A. et al., States and Sovereingty in the Global Economy, Routledge, Londres et New-York, 1999, p.61.
[2] HELD D. et al., *Op.Cit.*, p.34.

reposant « *sur l'homogénéisation culturelle des groupes constitutifs superposés sur un territoire souverain* ».[1]

Un embryon d'économie mondiale a donc longtemps fonctionné « *sans qu'il existe des Etats dont l'espace de souveraineté coïncide avec celui que parcouraient leurs marchands* ».

Michalet C.A.,[2] estime que « *l'expansion récente de l'économie mondiale, même si elle ne constitue pas un processus irréversible (le mouvement s'arrêterait si un regain du fait national s'accompagnait de fortes tendances à l'autarcie), tend irrémédiablement à distendre l'Etat et la Nation en raison de sa dynamique contradictoire* ». Ceci nécessite la sauvegarde de certaines disparités économiques entre pays pour se perpétuer, mais qui évolue constamment vers l'idéal d'un marché unifié.

Nous retrouvons toujours ce jeu consistant à nier les disparités nationales pour mieux les exploiter. Le fractionnement est nécessaire à la mise en valeur du capital sur une base mondiale. Mais ce fractionnement ne doit pas empêcher sa mobilité. D'où l'éclatement de l'Etat-nation et la conversion de l'appareil d'Etat comme superstructure nécessaire à la reproduction des différenciations.

Les agents multinationaux, machine à produire le continu et l'homogène, débordent leur espace originaire parce que des disparités existent à l'extérieur qui légitiment leur mouvement d'extension. La reproduction de ces disparités est nécessaire à leur logique de fonctionnement.

Dans la mesure où ces disparités sont liées à la prégnance des Etats-nations, les acteurs multinationaux ne peuvent devenir totalement autonomes — transnationaux — par rapport à leur environnement. Le processus d'homogénéisation trouve ses limites. Mais, cet environnement n'est pas reproduit à l'identique. Il est lui-même transformé. Les appareils étatiques continuent à fonctionner comme

---

[1] KABUIKA J. et MPEMBELE L., *Patriotisme et reconstruction de la République Démocratique du Congo*, in *CRIDUPN*, n°063b (2015), Avril-Juin 2015, PUPN, Kinshasa, 2015, p.275.
[2] MICHALET C.A., *Op. Cit.*, p.330.

producteurs de différenciations. Mais leur espace de référence, les Nations, sont disjointes et deviennent les territoires amorphes des opérations des acteurs multinationaux.

Il s'agit là d'un retournement ironique de la logique de l'économie internationale, car dans l'économie mondiale, « *les Etats deviennent les agents de la mondialisation et les acteurs multinationaux les ultimes garants de la reproduction des Etats* ».

Bien que le débat sur l'usure du pouvoir de l'Etat soit toujours ouvert, le point de vue dominant sur la mondialisation est généralement celui des *transformationalistes*. Ce qui s'explique en partie par le fait que leur thèse permet un large éventail de nuances et d'interprétations. Quoi qu'il en soit, toute analyse sérieuse sur la relation entre l'Etat et la mondialisation doit se pencher sur l'impact que peut avoir cette dernière sur deux piliers fondamentaux de l'Etat moderne, soit la souveraineté et la territorialité.

Les lignes ci-dessous portent sur la mondialisation face à la souveraineté des Etats.

4.1.3. Mondialisation face à la souveraineté des Etats

« *La mondialisation engendre-t-elle une perte de souveraineté des Etats* » ? Afin d'étudier la notion de souveraineté de façon détaillée, il y a lieu de diviser le concept en quatre catégories : *la souveraineté de contrôle ou d'interdépendance (capacité d'un Gouvernement de contrôler les activités à l'intérieur de ses frontières ainsi que les flux qui les traversent) ; la souveraineté domestique (organisation de l'autorité à l'intérieur de l'Etat) ; la souveraineté westphalienne (exclusion de toute autorité externe) ; et la souveraineté légale internationale (voire la légitimité internationale)*. C'est-à-dire à la reconnaissance d'un Etat par un autre et à l'ensemble des droits qui sont liés à cette reconnaissance tel le droit de signer des traités et/ou d'adhérer dans des organisations internationales.

Ces définitions de la souveraineté sont distinctes aussi bien en pratique qu'en théorie. La souveraineté d'un Etat peut correspondre à l'une des catégories ci-dessus sans correspondre aux autres. Taiwan, par exemple, a la souveraineté westphalienne mais ne jouit pas d'une souveraineté légale internationale. Par contre, la Palestine évolue dans une situation des contradictions permanentes à terre et à reconnaissance (toutes catégories confondues) confuses. L'enclave de Cabinda entre la RDC et l'Angola, est presque dans une situation similaire de non reconnaissance externe.

L'analyse de ces quatre dimensions de la souveraineté démontre que la souveraineté étatique n'est pas fondamentalement altérée. Les trois dernières catégories de souveraineté sont davantage liées à l'autorité de l'Etat qu'à sa capacité de contrôle et rien n'indique qu'elles soient plus menacées que par le passé. Il se trouve même que la souveraineté légale internationale est renforcée par la mondialisation, qui a encouragé la création d'un nombre sans précédent d'organisations et d'accords internationaux visant à compenser une perte de contrôle au niveau national.

La souveraineté de contrôle représente quant à elle la catégorie la plus affectée par la mondialisation, mais pas à un degré suffisant pour justifier un déclin de la souveraineté étatique dans son ensemble. De tous temps, l'Etat a eu à faire face à des attaques contre sa souveraineté et c'est pourquoi, l'on ne considère pas la mondialisation économique comme une menace fondamentale puisque son autorité demeure forte en dépit de la diminution de sa capacité de contrôle. Mais pour les Etats à économie éclatée exclusivement dépendante de l'extérieur et de rente avec une autorité quasi inexistante et non centralisatrice, cet aspect est aussi déterminant car affectant considérablement la souveraineté dans et de (l'Etat).

La principale menace à la souveraineté étatique n'est pas de nature économique. C'est la prolifération des accords sur les droits de l'homme, développement récent dans les relations internationales, qui affecte le plus la souveraineté des Etats. Il n'existe toutefois pas de mécanisme nous permettant de hiérarchiser diverses normes contradictoires tels le droit de l'homme et le principe de non-intervention.

Helleiner E.,[1] se penche quant à lui sur la thèse selon laquelle c'est la mondialisation financière qui menace le plus la souveraineté étatique. Quatre arguments sont en cause :

- La capacité des Etats à réglementer le monde de la finance est réduite par les avancées technologiques.
- Les déréglementations compétitives entre Etats.
- Le déclin de l'autonomie étatique en termes de politique macroéconomique.
- L'affaiblissement du lien entre la territorialité et l'autorité de l'Etat.

Les trois premiers arguments ne sont pas convaincants puisqu'ils s'attachent uniquement à la perte de contrôle des Etats sur les activités intra et inter étatiques. Le quatrième argument, qui concerne l'autorité de l'Etat, est toutefois plus pertinent. Les phénomènes d'activité financière « *off shore* », de réglementation extraterritoriale et de déterritorialisation des structures monétaires qui étaient auparavant limités à l'Europe se sont récemment répandus à l'extérieur de la région de l'Organisation de Coopération et de Développement Economique et semblent effectivement constituer une brèche dans la souveraineté de l'Etat.

Ainsi, l'on estime donc que la mondialisation économique et particulièrement son aspect financier pourrait menacer la souveraineté étatique (surtout des pays fortement dépendants) bien que d'autres signaux ambigus empêchent toute conclusion hâtive. Pour prouver hors de tout doute que la mondialisation financière menace réellement la souveraineté étatique, il faudrait expliquer pourquoi les Etats ont pu coexister et même être renforcés par les marchés financiers mondiaux dans les périodes précédentes alors qu'ils seraient affaiblis aujourd'hui. Cas des impositions des Institutions Financières Internationales.

De ce fait, le processus de mondialisation financière est associé à une importante restructuration du rôle de l'Etat, mais

---

[1] HELLEINER E., *Sovereignty, territoriality and the globalization of finance*, in Smith D.A. et al., *States and Sovereingty in the Global Economy*, Routledge, Londres et New-York, 1999, p.45.

que rien ne signale de prime abord un déclin de la souveraineté étatique. « *L'enjeu majeur, étant celui de tirer avantage de cette ouverture* ».[1]

La majorité d'auteurs s'étant penchés sur les questions de territorialité et de souveraineté étatique en relation avec la mondialisation, estiment que l'Etat n'est pas fondamentalement altéré dans sa nature bien qu'il existe certains éléments déstabilisateurs concernant l'évolution de son assise territoriale et de sa souveraineté. Les conclusions sont toutefois différentes en ce qui a trait au *pouvoir* de l'Etat.

En effet, la communauté scientifique est quasi- unanime pour dire qu'il a subi des modifications (ce qui ne signifie pas nécessairement érosion) à des degrés divers. A cet égard, le remplacement partiel des cadres régulatoires nationaux en matières légale et de réglementation par des cadres régulatoires « *dénationalisés* » constitue l'impact le plus important provoquant une dénationalisation partielle (mais limitée) de la souveraineté étatique et créant ainsi une nouvelle géographie du pouvoir.

4.1.4. Géographie/Territorialité de la mondialisation

La territorialité et la souveraineté sont deux concepts intimement liés puisque la souveraineté de l'Etat s'exerce exclusivement (en théorie) sur son territoire voire même (de l'extérieur) dans le concert des nations. C'est pourquoi, il convient d'examiner d'abord en quoi la mondialisation affecte l'organisation spatiale de la société avant de mesurer son impact sur la souveraineté étatique.

Parmi les nombreux facteurs qui ont affecté l'organisation du territoire au cours des décennies passées, il est généralement admis que l'adoption par les firmes multinationales d'un mode de production internationalisé est celui qui a produit l'impact le plus considérable. La mondialisation a profondément modifié l'ancrage territorial des entreprises.

---

[1] DUPEYRAT P., *Mondialisation et patriotisme économique. Quand l'Etat s'invite dans les secteurs stratégiques*, Jacques-Marie Laffont, Paris, 2015, pp.228-229.

La « *communauté de destins* » qui s'établissait entre la firme et le territoire dans l'ère du mode de production fordiste a cédé la place à un comportement « *nomade* » des entreprises. Ces dernières n'hésitent plus à déplacer leurs activités et leurs unités de production afin de maintenir une structure organisationnelle plus efficiente. D'où la main basse, le transfert des gains engagés, etc.

La fonction économique des firmes est nettement déterminante dans leur logique d'action au détriment des fonctions humaines et sociales. C'est dans cette logique que Emile Bongeli juge la mondialisation *d'économiciste* et *antisociale*.

La stratégie de présence mondiale de grandes entreprises s'accompagne d'une décentralisation de leurs activités et d'une diversification des sous-traitants. Ceci leur permet de tirer le maximum de la diversité des consommateurs et des facteurs de production.

Ce phénomène, connu sous le nom de « *globalisation* », repose sur une présence physique et des conditions de production apparaissant parfois assez autarciques dans les divers grands blocs commerciaux. Il est fondé sur la nécessité pour les firmes multinationales d'avoir une stratégie locale et régionale en plus d'une vision globale.

L'objectif principal de la globalisation réside dans la mise en place d'une division spatiale des tâches entre les unités de l'entreprise sur une base continentale. Elle permet de produire sur un grand marché libre d'entraves douanières importantes, de bénéficier d'économies d'échelle tout en profitant de proximités géographiques entre les unités elles-mêmes et vis- à-vis des marchés de consommation.

Les firmes multinationales jouent un rôle très important non seulement dans le processus de fragmentation territoriale, mais également dans la constitution en réseaux des fragments compétitifs afin de favoriser le développement des activités à l'échelle mondiale et de garantir le fonctionnement des parties au sein d'une articulation planétaire.

De ce fait, la fragmentation consiste à conférer à chaque unité territoriale mineure un poids spécifique non subordonné à celui des autres. C'est-à-dire, un rôle et un éventail d'activités définis et contrôlés en fonction de l'économie à l'échelle mondiale. Cela ne signifie pas qu'il n'existe pas déjà d'activités inscrites dans le cadre local, mais que seront, à l'avenir privilégiées, les activités économiques qui ont un rapport avec l'intégration mondiale.

L'une des conséquences les plus importantes des processus de fragmentation territoriale et de mise en réseaux est « *la séparation radicale entre espaces intégrés et espaces non intégrés* ».[1] De plus, l'inclusion ou l'exclusion d'un territoire dépend de façon croissante de décisions d'acteurs privés. En réponse au développement de plus en plus flagrant du fonctionnement à deux vitesses des territoires, l'Etat a recours à des politiques de « *ciblage* ».

Défendu par Boukhalfa Kherdjemil et Daniel Hiernaux-Nicolas, le recours à des politiques de *ciblage* consiste d'une part à s'occuper en priorité des espaces les plus susceptibles de s'intégrer à l'espace global (créer les infrastructures adéquates et attirer les entreprises étrangères), et d'autre part à requalifier les territoires qui ont été déstructurés par la dynamique de mondialisation.

Suite à la crise économique de 2008 en Occident ayant entraîné toute la planète, et qui a par la suite entraîné le ralentissement de la croissance et l'accroissement du chômage, l'on assiste à un mouvement inverse du retour des multinationales dans leurs patries : la relocalisation des entreprises. C'est dans cette logique qu'il faille placer toutes les mesures prises par Donald Trump, 45ème Président des USA (2017-2021) surtaxant les sociétés installées hors de son pays.

Peut-on envisager l'équilibre entre la démocratie et le capitalisme ? Tel est l'objet des pages suivantes.

---

[1] EVANS P., *La rhétorique de la mondialisation, Problèmes économiques*, n°2.611-2.612, in *The eclipse of the State ?*, *World Politics*, n°50, octobre 1997, p.59.

4.2. Equilibre entre démocratie et capitalisme

Le marché et le contrat social, c'est-à-dire le libéralisme économique et le libéralisme politique, constituent les deux pôles de la modernité libérale, en quête de l'équilibre.

Les deux aspects du libéralisme partagent comme présupposé philosophique l'individualisme, lui-même fondé sur la doctrine du droit naturel :

« *Tous les hommes sans discrimination aucune, ont par nature, donc indépendamment de leur propre volonté, et a fortiori de la volonté d'une minorité ou d'un seul, certains droits fondamentaux, comme le droit à la vie, à la liberté, à la sécurité, au bonheur, que l'Etat, ou plus concrètement ceux qui détiennent le pouvoir légitime d'exercer la force pour obtenir l'obéissance à leurs ordres, doivent respecter en n'empiétant pas sur eux et garantir contre toute possibilité d'empiètement de la part des autres* ».[1]

Après l'historique, j'évoque le prolongement de la pensée libérale quand on parle de la démocratie, du lien théorique entre capitalisme et démocratie.

4.2.1. Evolution historique

En dépit de ce tronc commun, l'évolution historique du capitalisme et de la démocratie a généralement été plus conflictuelle qu'harmonieuse, certains antagonismes étant continuellement à l'œuvre entre les deux moitiés du système libéral. Le capitalisme est, d'un certain point de vue, plus « libéral » que la démocratie dans le sens où les principes qui régissent son fonctionnement (protection de la liberté individuelle et de la propriété privée, Etat minimum, contractualisme) sont exactement identiques à ceux qui constituent le fondement de la pensée libérale.

En quoi la démocratie constitue-t-elle le prolongement de la pensée libérale ?

4.2.2. Démocratie : prolongement de la pensée libérale

La démocratie, ne peut être considérée comme le prolongement naturel de la pensée libérale que dans son sens

---

[1]BOBBIO N., *Libéralisme et démocratie*, CERF, Paris, 1996, p.15.

procédural (les « règles du jeu » dont le respect est nécessaire afin que le pouvoir fasse l'objet d'une distribution touchant la majorité des citoyens) et non dans son sens éthique, qui réfère à « l'idéal auquel un Gouvernement démocratique devrait aspirer, à savoir celui de l'égalité ».

C'est cette dernière conception de la démocratie qui est à l'origine de l'ambiguïté intrinsèque du système libéral puisqu'elle s'oppose inévitablement au principe de liberté individuelle. Le tiraillement continuel entre liberté et égalité se trouve donc au cœur de la dynamique évolutive de l'Etat libéral.

Dès son origine, l'Etat libéral a dû trouver un mariage viable entre les deux idéaux (liberté et égalité) :

> « *La seule forme d'égalité qui non seulement est compatible avec la liberté telle que l'entend la doctrine libérale, mais est aussi requise par elle, est l'égalité dans la liberté : ce qui signifie que chacun doit jouir d'une quantité de liberté compatible avec la liberté d'autrui et peut faire tout ce qui ne lèse pas l'égale liberté des autres* ».[1]

Le besoin d'égalité dans la liberté a donné naissance à deux principes fondamentaux indissociables de l'Etat de droit : il s'agit de l'égalité devant la loi et de l'égalité des droits. L'Etat libéral, fondé sur l'industrialisation capitaliste s'oppose donc au principe d'égalité sociale de la démocratie le rendant complète.

Loin de menacer l'Etat de droit comme le craignaient les propriétaires bourgeois du XIXème siècle, le suffrage universel par lequel s'exprime la souveraineté populaire garantit la sauvegarde des droits fondamentaux qui sont à la base de l'Etat libéral. Inversement, la sauvegarde de ces droits est nécessaire pour le fonctionnement correct de la procédure démocratique. Ce qui démontre le degré d'interdépendance atteint entre la démocratie et le libéralisme :

---

[1] BOBBIO N., *Op. Cit.*, p.47.

« Le meilleur remède contre l'abus du pouvoir sous quelque forme que ce soit, même si "meilleur" ne signifie ni optimal ni infaillible, est la participation directe ou indirecte des citoyens, de la majorité des citoyens, à la formation des lois. La participation au vote ne peut être considérée comme exercice juste et efficace d'un pouvoir politique, c'est-à-dire du pouvoir d'influencer la formation des décisions collectives, que si elle se déroule librement, autrement dit si l'individu qui se rend aux urnes pour exprimer son vote jouit des libertés d'opinion, de presse, de réunion, d'association, de toutes les libertés qui constituent l'essence de l'Etat libéral et qui en tant que telles sont les présupposés nécessaires pour que la participation soit réelle et non fictive ».[1]

Quel lien théorique établir entre capitalisme et démocratie ?

4.2.3. Lien théorique entre capitalisme et démocratie

Ceci démontre donc l'existence d'un lien théorique fort entre les fondements du capitalisme et de la démocratie au sein du système libéral. Ce lien n'a toutefois pas empêché une évolution plus conflictuelle qu'harmonieuse de l'Etat libéral sur une très longue période de temps.

Selon les époques et les sociétés, il est possible de distinguer un changement plus ou moins marqué des préférences en faveur de l'égalité (Etat-providence des années 1960 et 1970) ou de la liberté (période de mondialisation actuelle).

Khouri N.,[2] se demande pour sa part s'il faut continuer à considérer la démocratie comme l'accompagnement politique du développement économique, comme s'il y avait un lien causal entre les deux. Selon elle, l'économie de marché n'assure ni le développement, ni la démocratie. L'évolution parallèle du libéralisme politique et de l'économie de marché dans les sociétés occidentales traduit l'exception plutôt que la règle :

---

[1]BOBBIO N., *Op. Cit.*, p.52.

[2]KHOURI N., *Libéralisme et démocratie,* in *Revue Tiers Monde*, Tome XL, n°157, 1999, p.85.

« Pour de nombreuses sociétés du Sud, l'ouverture dite démocratique s'arrête souvent à l'expérience du multipartisme qui se réduit à un marché politique où les nouvelles élites politiques et économiques utilisent les potentialités institutionnelles en créant, développant et consolidant des réseaux stratégiques et clientélistes conformes à leurs intérêts ». Il s'agit là d'une pseudo-démocratie.

Contrairement à Khouri N., Ayoub A.,[1] adopte le point de vue de Bobbio N., et estime qu'il existe un « *lien essentiel entre le libéralisme politique et le libéralisme économique* ». Il avance en fait que sans la démocratie, le capitalisme engendrerait sa propre destruction. La démocratie constituerait donc la « soupape de sécurité » du capitalisme, lequel tend systématiquement à engendrer des inégalités dans la répartition des revenus en raison des comportements monopolistiques.

En permettant à la société de s'exprimer sur sa propre condition, le vote démocratique est en quelque sorte la mesure du degré de tolérance d'une population par rapport aux inégalités qui s'y trouvent et il assure une réponse politique ayant pour but de contrôler les effets pervers du capitalisme (hausse des inégalités et mouvement de concentration oligopolistique). A court terme, *« le capitalisme n'a pas besoin de la démocratie »*,[2] mais il n'en va pas de même à long terme.

Pour Touraine A.,[3] le développement économique à long terme n'est pas possible sans l'existence d'un système politique démocratique :

« *Réintroduisant le facteur temps, le passage par un Etat nationaliste ou révolutionnaire peut être transitoire pour assurer le take off, tout comme un Gouvernement autoritaire peut s'accommoder d'une économie ouverte sur le marché. Mais, à plus long terme, la nature de l'Etat autoritaire*

[1] AYOUB A., *La libéralisation des marchés de l'énergie : utopie, théories et pragmatisme*, in *Revue de l'Energie*, 1998, p. 45.

[2] SCHLESINGER A.J., *Has democracy a future?*, *Foreign Affairs*, vol. 76, n°5, 1997, p.76.

[3] TOURAINE A., *Qu'est-ce que la démocratie* ?, L'Harmattan, Paris, 1994, p.56.

deviendrait incompatible avec le développement ». En outre, tout dépendant du leadership ; tout pouvoir démocratique ne peut pas nécessairement conduire au développement recherché et inversément, celui autoritaire ne peut pas non plus que conduire au désastre.

Dans cette optique, la possibilité d'un recul de la démocratie face aux forces de la mondialisation économique s'avère dangereuse, et ce, d'autant plus si les tendances vers une exaspération de la concurrence et une hausse des inégalités se poursuivent.

Ce qu'il faut bien voir, il y a une certaine rupture de l'équilibre comme je l'analyse au point suivant.

4.2. Rupture de l'équilibre

De la rupture de l'équilibre, apparaît le déficit démocratique.

Parlant de la rupture de l'équilibre, il y a des facteurs et la force des finances.

4.2.1. Facteurs

Ainsi, deux facteurs majeurs sont à l'origine du problème de contrôle démocratique : le désengagement de l'Etat d'une participation directe dans plusieurs secteurs de l'économie (ce qui se traduit par une tendance généralisée à la privatisation) et l'apparition d'un nombre croissant de forums formels ou informels à l'extérieur du cadre national où se déplace le processus décisionnel en matière de réglementation.

La vague des privatisations effectuées dans les années 1990 n'aboutira probablement pas aux résultats escomptés en termes d'efficience et de libre concurrence. Lorsque le marché est imparfait, comme c'est le cas dans certains secteurs où l'Etat est traditionnellement présent, la privatisation peut avoir pour effet d'amplifier les inefficiences et de conduire à deux conséquences plus graves que la mauvaise gestion étatique. C'est-à-dire la concentration des actifs et la diminution de la responsabilité politique.

Ainsi, la privatisation est souhaitable seulement dans les secteurs industriels et dans les sociétés à pouvoir réellement fort d'autodétermination. Dans le cas contraire, l'intervention gouvernementale est généralement préférable.

La responsabilité du secteur privé envers la population est nécessairement limitée. La prise de décision en démocratie s'effectue à partir du principe « une personne, une voix » alors que les décisions prises à travers le marché sont le résultat de l'offre et de la demande et du suffrage du dollar : « un dollar, une voix ». On peut changer le Président par une élection, mais les chefs d'entreprises qualifiés d'Experts jouissent d'une immunité de fait.

4.2.2. Force des finances

Par ailleurs, il est possible pour les consommateurs d'exercer une certaine pression par le biais du marché, mais seulement dans un contexte concurrentiel. Suite à la montée sans précédent des activités commerciales et financières internationales, les Etats ont dû créer des institutions internationales afin de compenser la diminution de leur capacité à contrôler des flux grandissants à leur frontière. Malgré le renforcement de la souveraineté légale internationale de l'Etat, cette situation s'accompagne d'une inquiétude justifiée quant à la représentation démocratique au sein de telles institutions (OMC, FMI, BM, constituent des exemples par excellence) qui sont appelées à jouer un rôle de plus en plus important.

Ainsi, à la suite de Kuttner R.,[1] « *l'émergence d'autorités de réglementation mondiales qui ne sont pas démocratiques, menace le plus grand accomplissement du XXème* (voire du XXIème) *siècle, soit la domestication de la force brute du capitalisme (en le rendant socialement acceptable) par l'Etat-nation grâce à la démocratie*. D'où le phénomène de « *déficit de démocratie* », c'est-à-dire l'éloignement des centres de pouvoir par rapport à l'électeur. Bien entendu, les Gouvernements des Etats démocratiques sont tenus de rendre des comptes quant à leurs prises de positions au sein des

---

[1] KUTTNER R., *Can the global economy be a mixed economy?*, *Proceedings of the American Philosophical Society*, vol. 143, n°2, 1999, p.175.

organisations internationales. Mais, il n'en reste pas moins que le principe de représentation démocratique se trouve fortement dilué dans le processus de négociations entre Etats. Le déficit de démocratie est encore plus flagrant en dehors du cadre interétatique, par exemple lorsqu'un groupe de firmes privées constituées en oligopole sur la scène mondiale s'entend tacitement sur l'adoption de standards communs.

La plupart de Gouvernements de la planète à l'heure actuelle doivent s'assurer que leurs politiques demeurent attrayantes pour le capital financier international ainsi que pour le capital industriel, sans quoi ils risquent d'être « punis » par une fuite de ces derniers vers des pays où la réglementation ne constituera pas un obstacle.

Par conséquent, le processus décisionnel politique doit tenir compte de la contrainte de compétitivité internationale quant à la rémunération de la main d'œuvre et au rendement sur le capital, s'éloignant, ce faisant de la préférence populaire et démocratique. Autrement dit, les Gouvernements rendent des comptes aux marchés financiers internationaux plutôt qu'à leur propre électorat (cas de la République Démocratique du Congo où les ministres ayant les finances dans leurs attributions sont plus dociles à ces institutions et dolents à la population). C'est cet aspect qui continue à développer l'état de notre Etat bébé, utilisant les procédés paternalistes du Royaume de Belgique pendant la colonisation. C'est donc une *recolonisation*.

L'exemple le plus direct de la pression que peut exercer le marché financier international sur les politiques économiques (ou même les décisions purement politiques), se manifeste clairement quand les Etats cherchent à financer leur dette extérieure. Cet égard reflète une situation qui est la même dans la plupart de pays industrialisés. Les programmes sociaux trop généreux développés dans les années 1960 et 1970 par l'Etat-providence ont entraîné une forte augmentation de la dette. A mesure que le service de la dette s'alourdissait, « *la nécessité de trouver du financement extérieur s'est faite plus pressante* ».[1] Les pouvoirs financiers se sont alors mis à exiger l'équilibre budgétaire de la part des Gouvernements. Ce qui a conduit ces derniers à réduire considérablement leurs dépenses dans les secteurs sociaux tels la santé et l'éducation en dépit de la préférence de la majorité pour maintenir la qualité des programmes dans ces secteurs.

S'il est vrai que le pouvoir démocratique accuse un recul face au pouvoir financier dans les pays industrialisés, c'est toutefois dans les pays en voie de développement où la détérioration du rapport de force entre ces deux pouvoirs se fait le plus sentir. Le secteur privé est souvent réticent à financer la dette de ces pays, ce qui les oblige à se tourner vers des institutions internationales tel le Fonds Monétaire International (FMI), qui peut imposer l'abandon de programmes sociaux, souvent approuvés par le vote démocratique, en échange de garanties de prêts. Le problème de la souveraineté nationale se présente donc en termes beaucoup plus contraignants dans ces conditions.

Comment envisager la démocratie dans la mondialisation ?

4.3. Démocratie dans la mondialisation

Quelle démocratie dans un environnement international caractérisé par la mondialisation ?

Les conséquences du déficit de démocratie peuvent se révéler sérieuses. Le sentiment d'aliénation dans la population risque de provoquer un retour au protectionnisme sur le plan économique ainsi qu'une montée de politiciens populistes sur le plan politique.

4.3.1. Remise en cause de la problématique de la majorité

La confiance du public envers la démocratie, ou plus précisément envers la capacité des élus à exercer une influence substantielle sur l'évolution de la société dans le sens des aspirations populaires est déjà en train de s'éroder. L'on assiste de plus en plus à sa remise en cause au travers notamment des taux faibles de la participation politique (élections).

---

[1] TREMBLAY M., *Le pays en otage : le financement de la dette publique*, Québec/Amériques inc., New-York, 1996, p.35.

Etant donné la contradiction entre la préférence croissante pour la démocratie électorale et la polarisation économique générée par le capitalisme mondial, qui n'est pas tenu de rendre des comptes aux élus, le problème majeur relié à la mondialisation se pose cherchant à savoir comment rendre la revitalisation économique compatible avec la démocratisation.

Du point de vue politique, les Gouvernements sont constamment confrontés à ce dilemme entre l'égalité politique et l'inégalité économique. C'est dans ce cadre qu'il faut souligner avec Stiglitz J.E.,[1] comment « *cette inégalité économique affaiblit la démocratie des pays sous-développés* ».

Ce choix difficile traduit l'éternelle recherche de l'équité dans la pensée libérale, qui résulte elle-même de deux principes opposés que sont la liberté et l'égalité.

Depuis la fin de la seconde guerre mondiale jusqu'à récemment, l'Etat-Providence et la libéralisation économique ont évolué de pair. A partir des années 1980 par contre, la dominance du courant de pensée néo-classique en économie (néo-libérale) a entraîné des politiques de réduction de la taille de l'Etat, les interventions de celui-ci étant perçues comme faussant le jeu du libre-marché.

4.3.2. De la nécessité de l'Etat

L'ouverture de l'économie est associée à un rôle plus développé de l'Etat. Ainsi, l'on a d'ailleurs constaté l'existence d'une forte corrélation entre le degré d'ouverture d'un pays et le niveau de dépenses publiques, ce qui tend à démontrer que la capacité forte de l'Etat est devenue un facteur de compétitivité. Dans une démocratie mature, « *l'Etat tend généralement à renforcer l'environnement institutionnel en réponse aux revendications des droits socio- économiques par la population* ».[2]

La mondialisation s'est jusqu'à maintenant faite l'exportatrice non seulement du libéralisme économique, mais également du libéralisme politique. La démocratie est en effet perçue comme un élément essentiel du principe de bonne

---

[1] *Un autre monde... Op. Cit.*, p.365.

[2] KHOURI N., *art. cit.*, p.32.

gouvernance, qui encourage le développement d'un environnement économique stable et propice à la croissance. Suite aux résultats économiques décevants constatés dans plusieurs pays en voie de développement ayant adopté la démocratie, il faut se poser la question de savoir si le modèle démocratique véhiculé par la mondialisation correspond à celui qui a été développé dans les sociétés industrielles occidentales.

Il convient de clarifier la terminologie de la démocratie.

La démocratie telle que pratiquée dans plusieurs pays en voie de développement diffère considérablement de celle pratiquée dans la plupart d'Etats développés et qu'une clarification terminologique s'impose afin de distinguer les différentes formes que peut adopter un système démocratique.

Il faut ainsi utiliser le terme « démocratie » pour ne référer qu'à la procédure de sélection du Gouvernement par voie d'élections, premier critère d'évaluation d'un système démocratique. Une démocratie « mature » se caractériserait quant à elle par le *libéralisme constitutionnel*, qui concerne les buts du Gouvernement et réfère à la tradition qui cherche à protéger l'autonomie de l'individu par les principes de liberté individuelle et de la règle de droit.

La distinction entre démocratie et libéralisme constitutionnel permet de mieux comprendre plusieurs échecs de développement puisqu'à court terme, l'économie de marché a davantage besoin d'un système légal impartial (attribut indispensable du libéralisme constitutionnel) que des élections. Ceci explique le décollage économique réussi de certains Etats caractérisés par des Gouvernements autoritaires. Sans libéralisme constitutionnel, la démocratie risque d'engendrer le nationalisme et des conflits de toutes sortes dans les sociétés divisées puisqu'il est plus facile d'organiser le soutien électoral selon des divisions ethniques ou religieuses dans les pays sans tradition multiethnique. Pour ce faire, la moitié des pays « en démocratisation » dans le monde sont en fait des démocraties *illibérales*. C'est pourquoi, il faut revoir les conditions dans lesquelles sont promues la démocratie car la progression de la démocratie *illibérale* conjuguée à celle de la hausse des inégalités pourrait constituer un mélange potentiellement explosif.

Giraud P.N.,[1] propose d'ailleurs d'utiliser le critère de la démocratisation pour déterminer si les forces dominantes de la mondialisation sont perçues comme des tendances équitables et durables ou plutôt injustes et porteuses de désintégration sociale dans l'ordre mondial émergeant. La grande force de la démocratie étant, tout comme le capitalisme, sa capacité d'adaptation et d'auto-correction, cette proposition d'évaluer la compatibilité de la mondialisation avec la démocratie s'avère d'autant plus pertinente si elle est conjuguée au critère de qualité.

Il faut à présent réfléchir sur les bilans et les contextes de la mondialisation. La question qui reste ouverte est celle de savoir si la mondialisation reste un processus asymétrique.

L'Etat, avec la mondialisation, est perçu comme un acteur. Avec l'émergence des défis, d'autres acteurs naissant, cherchent à saper les prérogatives régaliennes. La mondialisation est une réalité dans laquelle les Etats sont appelés à s'adapter. En effet, les divers défis voire même les nouveaux acteurs avec tous leurs mécanismes d'approche conditionnent le devenir des Etats. Ils sont, pour ce faire, tenus à résister en dépit de différentes influences, tel est le cas de la montée du capitalisme avec toute sa suite.

---

(1)GIRAUD P.N., *L'inégalité du monde*, Gallimard, Paris, 1996, p.218.

V.
Autour des bilans et contextes de la mondialisation : processus asymétrique ?

La question des bilans et des contextes de la mondialisation pose la question de savoir si la mondialisation était un processus asymétrique.

En effet, la mondialisation est un processus asymétrique, non seulement du point de vue géographique, mais également en ce qui concerne les activités humaines, qui ne se mondialisent pas au même rythme. Les activités économiques, par exemple, sont celles qui se sont mondialisées le plus rapidement alors que d'autres comme l'action des Gouvernements et la collaboration institutionnelle tardent beaucoup plus. Ces asymétries ont engendré des dualités graves, dont celle entre les riches et les pauvres, celle entre les inclus et les exclus, les puissants et les faibles…

J'évoque différentes thèses parlant d'un processus asymétrique, des bilans de la mondialisation et des contextes géopolitique et économique de la mondialisation.

5.1. Processus asymétrique : différentes thèses en présence

Si la libéralisation économique favorise l'augmentation des flux commerciaux et l'intégration accrue des facteurs de production et des marchés, il n'en reste pas moins qu'elle se trouve souvent pointée du doigt (à tort ou à raison) comme principale responsable de la hausse des inégalités au sein des pays et entre ceux-ci.

La mondialisation associée au changement technologique a définitivement résolu le problème de la pénurie. Mais, à ce jour, elle ne s'est pas encore révélée capable de répartir rationnellement et équitablement les richesses. La hausse des inégalités au sein des pays industrialisés représente sans doute le plus grand danger pour le processus de libéralisation et de mondialisation.

Williamson J.G.,[1] a démontré que le ressentiment populaire contre les effets secondaires de la libéralisation économique aux Etats-Unis d'Amérique a été un facteur déterminant ayant provoqué le retour au protectionnisme après la première guerre mondiale et sous le mandat du Républicain Donald Trump. Depuis les années 1970, la détérioration du salaire réel des travailleurs non qualifiés aux Etats-Unis d'Amérique provoqua un nouveau ressentiment populaire contre la mondialisation.

Les données sur la répartition des revenus au sein de chaque pays semblent indiquer une légère tendance à la hausse des inégalités bien qu'il y ait plusieurs exceptions. Les seules régions où l'on peut déceler une tendance sont l'Europe de l'Est et l'Asie Centrale, où les inégalités se sont rapidement aggravées depuis l'effondrement du régime communiste. L'accroissement des inégalités dans la répartition des revenus est toutefois plus *« marqué aux Etats-Unis d'Amérique qu'en Europe de l'Ouest »*.[2]

Cette différence est selon Giraud P.N.,[3] principalement *« imputable au fait que les travailleurs non qualifiés sont beaucoup plus protégés en Europe qu'aux Etats-Unis d'Amérique »*. S'appuyant sur un modèle qui divise les travailleurs des pays développés en quatre groupes (les compétitifs, les exposés, les protégés et les chômeurs) et ceux des pays en voie de développement en trois groupes (les masses rurales, les salariés et les nouveaux capitalistes), le libre-échange entre les pays riches et les pays à bas salaires provoque inévitablement un accroissement des écarts de revenus dans les deux types de pays.

Les salariés des pays en voie de développement ne verront pas leur revenu augmenter au-delà d'un certain seuil en

---

[1] *Art. cit.*, p.32.

[2] OCDE, *Income distribution and poverty in selected OECD countries*, Economic department working papers n°189, 1998, p.43.

[3] GIRAUD P.N., *Libre-échange et inégalités, Problèmes économiques*, Gallimard, Paris, 1995, p.8.

raison de la réserve illimitée de main d'œuvre que constitue la masse rurale. La hausse de productivité résultant du libre-échange profite donc principalement aux nouveaux capitalistes. Dans les pays développés, le libre-échange profitera surtout aux compétitifs (ceux dont l'activité productive fait que des biens et services sont compétitifs) et aux protégés (ceux qui produisent les biens et services protégés et les consommations intermédiaires protégées des biens finaux compétitifs). Mais entraînera une baisse relative du salaire des exposés (ceux qui produisent les biens et services qui sont en partie importés) et de l'allocation des chômeurs. Ceci tient à l'existence de deux dynamiques qui n'évoluent pas au même rythme dans les pays développés : la dynamique de création d'emplois compétitifs est plus lente que la dynamique de destruction d'emplois exposés. Il faut néanmoins préciser que le Salaire Minimum Inter Garanti (SMIG) fixé par l'Etat fait objet des concessions avec des multinationales.

Dans cette optique, la hausse des inégalités plus lente en Europe qu'aux Etats-Unis d'Amérique est principalement due à la meilleure protection sociale des travailleurs ou, au manque de flexibilité de la main d'œuvre. L'absence de réglementation contraignante aux Etats-Unis d'Amérique a permis un ajustement rapide du prix de la main d'œuvre aux forces du marché, déclenchant du même coup une hausse des inégalités. En Europe, le refus de voir augmenter l'inégalité des revenus a plutôt entraîné une hausse importante du taux de chômage.

La thèse de Giraud P.N. en ce qui concerne l'impact du libre-échange sur les pays développés correspond pour Artaud G. et Benaroya F.,[1] à la théorie classique du commerce international, mais la contredit quant à l'impact sur les salaires dans les pays en voie de développement. La théorie prévoit en effet, une détérioration de la situation relative des travailleurs non qualifiés dans les pays industrialisés puisque l'égalisation progressive de la rémunération des facteurs provoque une baisse de leur salaire réel, alors que

[1] ARTAUD G. et BENAROYA F., *La concurrence, ennemie de l'emploi ?*, *Problèmes économiques*, n° 2.550, in *Revue Commentaire*, n°78, 1998, p.43.

l'inverse doit se produire dans les pays en voie de développement.

Si l'on prend l'individu comme unité de base pour mesurer l'inégalité des revenus dans le monde (c'est-à-dire sans tenir compte des frontières politiques), celle-ci semble avoir progressé rapidement depuis les années 1980.

Les causes de la hausse des inégalités sont multiples. Il n'est pas aisé d'isoler l'impact de la mondialisation à cet égard. Deux facteurs jouent un rôle particulièrement important dans la distribution des revenus à la fin du XXème et au début du XXIème siècles : le commerce international et le changement technologique, lequel tend généralement à diminuer le prix relatif de la main d'œuvre non qualifiée.

Le commerce et les avancées technologiques sont des explications complémentaires plutôt que compétitives puisque les deux facteurs jouent un rôle important dans la modification de la compétitivité de tel ou tel secteur de l'économie.

Le lien le plus direct entre la mondialisation et la hausse des inégalités dans les pays développés réside dans le phénomène de la délocalisation de la production des biens intermédiaires par les firmes multinationales. Les travailleurs non qualifiés des pays développés se trouvent dès lors en concurrence directe avec la main d'œuvre à bas salaire des pays en voie de développement.

Le débat sur l'origine des inégalités est fort complexe et ne sera pas résolu de sitôt. Un autre débat portant cette fois sur la répartition des revenus entre les pays revêt une importance toute particulière en ce qui concerne l'impact économique de la mondialisation sur le développement des pays. Une autre cause de l'inégalité, est le chômage. Ce dernier permet d'augmenter la plus-value du capitalisme. C'est ainsi que chaque fois que le chômage augmente, « *la Bourse* »[1] réagit positivement.

En ces jours, il existe incontestablement des inégalités dans la répartition des revenus entre les pays. Alors que les pays les plus riches effectuent des changements structurels dans leurs

---

[1] Lieu et marché international d'échanges des valeurs financières.

économies afin de s'adapter aux exigences de la révolution technologique dans plusieurs domaines tels les télécommunications, le commerce électronique, la biogénétique et l'automatisation de la production ; une majorité de pays en sont encore à l'étape du décollage industriel. La situation n'est pas nouvelle : de tous temps, d'importantes disparités de revenus ont existé entre les sociétés humaines. Cependant, l'écart entre les pays riches et les pays pauvres s'est considérablement creusé avec la mise en place de l'ONU consécutivement avec la fin de la deuxième guerre mondiale et avec la guerre froide. Ce constat a ramené un ancien débat à l'ordre du jour, celui sur la convergence (ou la divergence) dans le développement entre les pays. La question se trouvant au cœur de la polémique est la suivante : est-ce que le système capitaliste entraîne une convergence dans les niveaux de la richesse entre les pays ou provoque-t-il plutôt une hausse des inégalités, c'est-à-dire une divergence ?

Je parle des thèses divergentes et convergentes, de la mondialisation et du développement, de la concurrence dont la diminution et l'augmentation.

5.1.1. Thèse de la divergence

La thèse de la divergence est depuis longtemps soutenue par les théoriciens du système-monde, dont Samir Amin, Emile Bongeli, ainsi que par les auteurs néo-marxistes (exploitation de la périphérie par le centre capitaliste). Si l'on se penche en faveur de cette thèse, il s'agit non pas pour des raisons idéologiques, mais plutôt à la lumière des études empiriques sur le développement. La tendance principale depuis 1820 se caractérise par l'augmentation des disparités, donc de la divergence, bien qu'il existe certains points de convergence après 1950 pour l'Amérique du Nord, l'Europe de l'Ouest et l'Asie de l'Est et du Sud-Est.

Pritchett L.,[1] économiste à la Banque Mondiale, est d'avis que « *la divergence dans les niveaux de vie et de productivité entre les pays développés et les pays en voie de*

[1] PRITCHETT L., *Divergence, big time*, in *Journal of Economic Perspective*, vol. 11, n°3, 1997, p.6.

développement, constitue la caractéristique dominante de l'économie moderne ».

Que retenir de la thèse de la convergence ?

5.1.2. Thèse de la convergence

Les partisans de la thèse de la convergence dont Jones C.I.,[1] Goto A. et Barker B.,[2] ne contestent généralement pas qu'une certaine divergence se soit jusqu'à maintenant manifestée entre les pays très riches et les pays les plus pauvres de la planète. Le développement économique à l'échelle internationale est principalement caractérisé par la convergence puisqu'une majorité de pays ont vu leur condition s'améliorer substantiellement au cours du XXème siècle.

Le premier auteur défend la thèse de la convergence, mais il ne s'avance pas sur le terrain des tendances récentes provoquées par la mondialisation. Ainsi, les récentes expériences permettent d'afficher un certain optimisme pour le futur. Pour le second quant à lui, il existe une corrélation positive entre la mondialisation et la convergence. Cette thèse repose sur l'analyse de la période de 1870 à 1913, comparée à la période de mondialisation actuelle. Il estime qu'une convergence du facteur-prix relatif est survenue lors de cette période, impliquant une hausse des inégalités dans les pays riches et une baisse des inégalités dans les pays pauvres, conformément à la théorie classique du commerce international.

Par la suite, la divergence a davantage caractérisé l'évolution de la répartition mondiale des revenus alors même que s'éclipsait la mondialisation entre 1913 et 1950, jusqu'à la renaissance de cette dernière au début des années 1970.

Quel rapport établir entre la mondialisation et le développement ?

---

[1]JONES C.I., *On the evolution of the world income distribution*, in *The Journal of Economic Perspective*, vol. 11, n°3, 1997, p.11.

[2]GOTO A. et BAKER B., *Les deux faces de la mondialisation : de petites économies ouvertes dans un monde de plus en plus interdépendant*, in *Revue Internationale des Sciences Sociales*, n°160, 1999, pp.211-220.

5.1.3. Mondialisation et développement

Le débat sur la convergence ou la divergence entre les Etats revêt une importance particulière en ce qui concerne les théories de développement économique. Les succès de croissance obtenus par un grand nombre de pays asiatiques depuis les années 1960 semblent à première vue confirmer le postulat libéral selon lequel l'ouverture au commerce international et le laisser-faire économique favorisent le développement, d'autant plus que les politiques de substitution à l'importation se sont vues discréditées suite à leur échec en Amérique latine et en Afrique.

Plusieurs auteurs entre autres Singh A., Weisse L., et Bruce A.,[1] apposent toutefois un bémol à cette apparente victoire du laisser-faire économique en précisant que l'ouverture desdits pays au commerce international s'est effectuée de manière graduelle et sélective et que les Gouvernements ont activement soutenu les industries exportatrices. L'exemple asiatique soulève la difficile question de savoir si le rattrapage économique est possible pour tous les pays et si l'application de politiques libérales en matière d'échange international est une condition nécessaire et suffisante pour réussir un décollage économique. Certains autres auteurs dont Jeffrey G. Williamson, Akira Goto et Brendan Baker, considèrent « *le libre-échange (et par extension la mondialisation) comme un facteur favorisant non seulement le développement mais également la convergence économique entre les pays* ».

Plusieurs autres analystes dont Drucker P.F.,[2] ont d'ailleurs constaté, depuis 1950, une corrélation étroite entre les résultats économiques internes d'un pays et sa participation à l'économie mondiale. Cette corrélation n'est toutefois pas

---

[1]SINGH A., WEISSE L. et BRUCE A., *Le modèle asiatique : une crise sans surprise* ?, in *Revue Internationale des Sciences Sociales*, n°160, 1999, pp.229-237.

[2]DRUCKER P.F., *L'intégration à l'économie mondiale, facteur de croissance*, in *Problèmes économiques*, n°2.415-2.416, in *Trade lessons from the World economy*, *Foreign Affairs*, vol.73, n°1, 1995, pp.8-10.

acceptée par tous les chercheurs. Bairoch P.,[1] affirme quant à lui qu'il n'y a pas de relation de causalité systématique entre le libre-échange et la croissance économique.

Giraud P.N.,[2] nuance également les vertus du libre-échange puisqu'il accroît les inégalités au sein des pays même s'il favorise une certaine convergence (plus lente) entre eux.

D'autres auteurs remettent en question la pertinence du libéralisme économique dans les pays en voie de développement. Selon Hugon P.,[3] les principes du « *consensus de Washington* » entérinés par les pays développés et les organisations internationales économiques ne sont pas de nature à favoriser la croissance des pays en voie de développement. Par contre, « *ils provoquent un transfert de souveraineté* ».[4] Ce transfert, au profit des appareils du capital financier. C'est dans ce cadre que la main invisible du marché globalisé, tout en détruisant les sociétés humaines, elle massacre toute la nature. Il formule ainsi l'objectif des programmes de développement actuels :

« Les Programmes d'Ajustement Structurel visent à réformer le système de prix relatif et la structure des incitations pour retrouver la compétitivité extérieure et la croissance interne.

La vague de mondialisation actuelle a été à l'origine de la plus forte explosion de prospérité que le monde n'ait jamais connu et qu'elle représente la meilleure chance pour le développement des pays pauvres. Les politiques cherchent à supprimer les distorsions liées à l'intervention de l'Etat, à faire jouer les lois du marché tant au niveau international qu'au niveau interne ».

Les macro-institutions, les oligopoles privés et l'Etat jouent un rôle incontournable pour permettre le jeu du marché, et l'utopie du marché autorégulateur véhiculée par l'idéologie néo-classique pêche par manque de réalisme. L'hypothèse selon

---

[1]BAIROCH P., *Mythes et paradoxes de l'histoire économique*, La Découverte, Paris, 1994, p.32.

[2]*Libre-échange... Op.Cit.*, p.10.

[3]HUGON P., *Le consensus de Washington en questions*, in *Revue Tiers Monde*, Tome XL, n°157, 1999, pp.10-36.

[4]ZIEGLER J., *Les nouveaux maîtres du monde. Et ceux qui leur résistent*, Fayard, Paris, 2002, pp.143-353.

laquelle le retour aux lois du marché réduirait les distorsions des politiques économiques et les prélèvements d'un Etat prédateur paraît inadéquate, en particulier dans un contexte où le nombre et la puissance des multinationales étrangères augmentent au même rythme que la déréglementation.

De ce fait, l'économie de marché ne peut fonctionner de manière efficace que si l'Etat est renforcé pour créer l'environnement institutionnel favorable, que si les entreprises ont des logiques d'investissement productif dans le long terme et que si les mécanismes de répartition préalable des droits et des pouvoirs résultent de compromis sociaux.

La pauvreté est une question relative. L'écart entre les individus les plus riches et les plus pauvres s'est considérablement agrandi depuis le XIXème siècle et, plus problématique encore, la perception de cet écart s'est accrue en raison d'un meilleur accès à l'éducation de base et de la diffusion des nouvelles technologies de l'information et de communication.

Il y a certaine diminution et augmentation de la concurrence à relever au point suivant.

5.1.4. Problématique de la concurrence : diminution ou augmentation

La libéralisation commerciale a engendré certains bénéfices économiques même si la répartition de ceux-ci s'est avérée jusqu'à maintenant assez inégale. Toutefois, il existe des questions liées à la hausse des inégalités et du chômage, mais il existe aussi un autre effet pervers imputable à la mondialisation, soit une diminution de la concurrence.

Dans plusieurs secteurs-clés de l'économie tels ceux de l'énergie, de l'électronique, de l'aéronautique, des finances, et des industries chimiques et pharmaceutiques, des vagues de fusions ont lieu depuis quelques années et les marchés sont de plus en plus concentrés.

L'une des hypothèses fondamentales du modèle de libre-échange classique est « *que l'échange doit s'effectuer dans un environnement de concurrence parfaite et loyale* ».[1]

Dans la réalité, plusieurs industries sont dominées par des entreprises géantes qui ont des comportements de monopole ou d'oligopole et qui faussent ainsi le jeu de la concurrence. La concurrence, sans encadrement étatique pour la protéger, tend à sa propre perte dans la mesure où les entreprises qui parviennent à dominer le marché, finissent par occuper une situation de quasi-monopole. A l'exception des Etats-Unis d'Amérique et de quelques pays industrialisés qui ont pu se doter d'un cadre législatif puissant pour contrer les comportements monopolistiques, bien peu d'Etats sont en mesure de faire face aux multinationales étrangères.

Sans toutefois se transformer en monopoles, plusieurs marchés sont de plus en plus organisés en oligopoles. Antoine Ayoub évoque l'exemple du secteur de l'énergie aux Etats-Unis d'Amérique où l'impact de la mondialisation semble diminuer la concurrence.

Le cycle selon lequel une hausse initiale de concurrence peut entraîner, à terme, une baisse de concurrence se déroule comme suit : « *le libre-échange provoque la déréglementation - la déréglementation augmente la concurrence - la concurrence conduit à la mondialisation de l'économie - la mondialisation de l'économie provoque la concentration des entreprises - la concentration des entreprises crée des monopoles ou quasi-monopoles et tue la concurrence - l'absence de concurrence force le retour à la réglementation pour contrôler les monopoles* ».

Il devient en effet de plus en plus difficile pour les compagnies de petite et moyenne tailles de concurrencer de puissantes multinationales ou d'entrer dans les secteurs déjà contrôlés par ces dernières à moins de se limiter à faire de la sous-traitance.

---

[1]DIDIER M., *Libre-échange et organisation du commerce international : les enseignements de la théorie*, in *Problèmes économiques*, n°2.415-2.416, in *Revue de Rexecode*, n°42, 1995, p.5.

Dans la mesure où les Etats soutiennent de plus en plus activement les opérations à l'étranger de leurs entreprises (les champions nationaux), « *le commerce international risque de dégénérer en une situation de guerre économique où le dumping peut devenir une arme efficace d'élimination de la concurrence* ».[1]

La solution au problème de la concurrence semble pour en partie se trouver dans une réglementation visant à empêcher la formation de monopoles ou d'oligopoles sur les marchés internationaux.

L'efficacité de toute réglementation dépend toutefois de la présence d'un environnement institutionnel fort. Qu'advient-il lorsque l'Etat n'est pas en mesure d'établir un cadre légal opérationnel ou qu'il n'existe pas de normes régissant le comportement des multinationales dans leurs opérations internationales ? C'est là qu'intervient le débat sur le rôle de l'Etat et des institutions de gouvernance face à la mondialisation. A ce niveau, la fusion aussi de grandes entreprises est une des solutions pour mieux se positionner sur le plan mondial.

En réalité, la concurrence reste déséquilibrée faute de moyens pour ce faire. Les pays du Sud se plaignent et continueront à se plaindre des difficultés d'accès aux marchés des pays développés, qui eux, ont facilité d'accès à leurs marchés.

Quels bilans faire de la mondialisation ?

5.2. Bilans de la mondialisation

La mondialisation au XXI<u>ème</u> siècle a pris son apogée. A ce niveau, il convient pour nous, de rechercher l'actif et le passif de la mondialisation à partir, d'une part, de ses aspects économiques, et politiques, voire socio- culturels d'autre part.

5.2.1. Aspects économiques

L'évolution des conséquences de la mondialisation économique comprend plusieurs volets, très liés selon la richesse du pays considéré. Il sied pour nous de parcourir cet

---

[1]DIDIER M., *Art. Cit.*, p.5.

aspect dans la réalité des pays riches, de nouveaux pays industrialisés et, enfin, dans les pays pauvres.

Pour les pays riches, la mondialisation comporte deux bénéfices essentiels. Le premier profite au consommateur, qui a accès à un éventail plus large de biens (diversité) et un prix plus faible que s'ils étaient fabriqués dans le pays même. Quantitativement, cet effet est considérable, et peut être appréhendé « *en additionnant les gains des consommateurs à l'achat de produits textiles chinois. Le second bénéfice profite aux détenteurs du capital, qui obtiennent un meilleur rendement de leurs capitaux* ».[1]

Les pays riches souffrent de la délocalisation de leurs industries en main d'œuvre peu qualifiée, ainsi que de la concurrence accrue entre pays riches eux-mêmes. Ces effets posent cependant des problèmes du fait de la délocalisation des industries, touchant particulièrement certains individus ou certaines régions, alors que les gains sont repartis sur l'ensemble de la population.

Ainsi, les gains des pays riches à la division internationale du travail sont supérieurs aux pertes (délocalisation, désindustrialisation) par plusieurs ordres de grandeur.

Pour les nouveaux pays industrialisés, jusqu'à la crise asiatique, ils semblaient les grands gagnants de la mondialisation économique. Profitant d'une main d'œuvre qualifiée et à faible coût, ils ont bénéficié et continuent à bénéficier d'investissements très importants en provenance des pays riches. Ce qui leur a permis de construire une économie moderne et un système de formation solide et de sortir de la pauvreté, et se constituer en usines de fabrication et non plus en simples ateliers de montages.

Le bilan de la mondialisation économique pour ces pays est ainsi très contrasté avec d'un côté des pays, comme la Corée du Sud ou Taiwan définitivement classés dans le giron des pays dits riches, d'autre, comme la Thaïlande, les

---

(1)FONTANEL J., *La globalisation en « analyse » géoéconomie et stratégie des acteurs*, L'Harmattan, Paris, 2005, p.187.

Philippines, qui ont du mal à se remettre de la volatilité des investissements, et d'autres encore bénéficient très largement de la mondialisation au niveau du pays, mais avec une répartition très inégale de ces gains (Brésil, Chine).

Par contre, les pays pauvres restent au niveau économique, largement moins bénéficiaires du processus de mondialisation. Ceci requiert en effet des institutions stables, un respect du droit, de la propriété privée, une absence de corruption ainsi qu'un certain développement humain (santé et éducation) que ne présentent pas la plupart de ces pays. Leur ressource économique principale, l'agriculture, reste dominée par les stratégies protectionnistes des pays riches, sauf pour les cultures propres aux pays pauvres.

Par ailleurs, la mondialisation économique (libérale) se situe à trois niveaux : niveau de production, niveau de commercialisation et niveau de consommation. Au niveau de la production des biens, il y a ce qu'on appelle la division internationale du travail ; il y a deux mondes : le Centre et la Périphérie. La Périphérie est constituée des Etats situés au Sud du globe terrestre (le Tiers-monde) qui sont sous-développés et exploités. Tandis que le Centre comprend les pays industrialisés qui sont développés et exploiteurs de la Périphérie. C'est la Périphérie qui produit tous les biens mondiaux et ce sont les pays du Centre qui consomment les produits ou biens (agricoles et industriels), et ce après leur transformation avec valeur ajoutée. Ces produits retournent à la périphérie sous diverses facettes et vendus avec une cherté sans pareil. D'où l'éternelle équation, que les riches s'enrichissent et aux pauvres de retirer tout ce dont ils possèdent. Dans la division du travail, la Périphérie sert de pourvoyeur des matières premières et le centre de décision se trouve au Centre chez les pays industrialisés. Les règles du commerce sont décidées par les pays du Centre. Ainsi, les pays de la Périphérie exécutent seulement et cela conduit au développement du sous-développement et à l'endettement. Au niveau de la commercialisation, les règles d'origine, la qualité des marchandises sont décidées par le Centre. A ce niveau, la mondialisation correspond au concept de la marchandisation des biens, des hommes. Tout se présentant sous la forme d'une marchandise à commerce. Au niveau de la consommation, la mondialisation impose les habitudes de la consommation de la marchandise à consommer.

Il convient de parler des aspects politique et socio-culturels du bilan au point suivant.

5.2.2. Aspects politiques et socio-culturels

Notons d'emblée, sur le plan culturel et social que la mondialisation favorise l'accès d'un nombre croissant d'individus à des réseaux de communication communs conduisant à deux effets. Le premier est une prise de conscience accrue de la diversité des cultures et de l'interdépendance de l'ensemble des individus. Cela s'exprime par une meilleure connaissance du monde, des enjeux planétaires, par la multiplication des sources d'information. Le deuxième est l'émergence d'une sorte de « culture- commune » marquée notamment par le recours à un « anglais de communication » (parfois appelé « globish », c'est-à-dire global english), version appauvrie de la langue anglaise, les références culturelles américaines ou occidentales portées par des produits culturels (cinéma, musique, télévision) ou des modes de vie (sports occidentaux, cuisine italienne, chinoise, etc.). Certains y voient un risque d'appauvrissement de la diversité culturelle, voire la domination d'une certaine conception des rapports économiques et sociaux.

La mobilité internationale durable reste le sort des plus défavorisés, déplacés par les guerres, ou l'apanage des mieux formés à la recherche de la meilleure rémunération pour leurs compétences (fuite des cerveaux).

La mondialisation génère des entités économiques, des moyens d'information et des flux financiers dont l'ampleur échappe au contrôle de la structure des Etats- nations. De ce fait, la plupart de Gouvernements de la planète déplorent leur impuissance face aux phénomènes tant que les relations internationales ne sont pas réglées par d'autres principes d'intérêt des Etats.

Il se fait que les outils traditionnels de la politique publique, fiscalité et réglementation, perdent de leur efficacité dans un environnement mondialisé. Leur application demande alors la coopération de plusieurs Etats, toujours délicate à obtenir et à maintenir. Des ONGs tentent de combler ce vide. Mais elles manquent de légitimité pour prétendre représenter les citoyens de la planète, et sont souvent marquées par des idéologies partisanes.

Sous l'aspect institutionnel, la diminution des pouvoirs des institutions nationales se constate face à une économie devenue planétaire qui a conduit à monter des organisations multilatérales et mondiales, telle l'OMC basée à Genève, et d'autres organisations soit aux objectifs parallèles (Banque Mondiale, FMI, OIT,..), soit spécialisées dans les secteurs économiques et professionnels très précis. Elles sont chargées d'étendre les possibilités d'échanges entre pays à la plupart des transactions, dans un souci de croissance économique, d'équilibre des flux, et de concurrence non biaisée. Elles tentent de réglementer le commerce international par voie de traités multilatéraux d'abaissement d'élévation réciproques des barrières douanières. Suite ainsi aux critiques des altermondialistes, elle accompagne cette action d'aide au développement économique et prend en compte des aspects sociaux et environnementaux.

Partant de cette analyse, il sied pour nous de constater ce qui suit dans le bilan de la mondialisation. Concernant les avantages, nous pouvons citer la réduction des inégalités internationales. En s'exportant, les entreprises exportent avec elles leurs techniques, leurs connaissances (transfert de technologie, apport des investissements directs à l'étranger), qui contribuent au savoir et à l'alphabétisation des régions concernées.

En effet, les pays du Sud ont été les premiers bénéficiaires, surtout l'Asie qui devient un acteur incontournable de la mondialisation, est le fer de lance des firmes multinationales et leur permet d'atteindre l'objectif du profit maximal. Pour ce faire, la mondialisation participe dans la mesure du possible au développement des pays du Sud.

Nous constatons certes, que la mondialisation apporte trois soutiens importants au développement.

- Une source de financement stable. Les firmes qui s'installent dans un pays suivent une logique d'investissement à long terme.
- Un moyen de bénéfice de transfert de technologie. Même si les pays bénéficiaires sont déjà en cours de développement et disposent des compétences suffisantes pour justifier d'un transfert de technologie.
- Une ouverture des marchés du Nord aux exportations du Sud qui suivent les flux des filiales implantées à l'étranger.

Les inconvénients[1] de la mondialisation sont plus nombreux que les avantages. Les inconvénients concernent essentiellement les Etats, leurs habitants et les biens publics en général. D'emblée, on constate que les entreprises remplacent le rôle de l'Etat en matière de décisions économiques voire stratégiques. Le pouvoir du lobbying des firmes internationales sur les Etats s'est également accru et complexifié. On le voit dans les réticences, toujours actuelles, des pays à signer des accords sur la réglementation de l'environnement en vue de lutter contre le réchauffement climatique car pesant lourd contre les puissants Etats selon le principe « *pollueur payeur* ».

Il convient par ailleurs de souligner que de nouveaux outils et moyens sont apparus pour s'adapter à cette mondialisation, souvent en faveur des pays de la Triade (USA, Union Européenne et Japon) qui ont vu les bénéfices que pouvait leur apporter la mondialisation. L'écart entre pays du Nord et pays du Sud se creuse au détriment des valeurs civiques, sociales, environnementales et humanitaires.

La mondialisation est créatrice et destructive à la fois. Il s'agit d'un processus inégal et inégalitaire qui produit des gagnants et perdants, dans le sens qu'à l'heure actuelle, les pays sous-développés n'ont pas un grand rôle à jouer. Car seules la concurrence, la compétitivité, la puissance financière, sont prises en compte. Or, les pays sous-développés ne possèdent

---

[1]KABUIKA J., *La République Démocratique du Congo dans le monde*, L'Harmattan, Paris, 2023, pp.33-39.

pas tous ces éléments. C'est ainsi que, grâce à la mondialisation, les pays du Nord, détenant la quasi-totalité du pouvoir financier et économique, marchent sans inquiétude sur la souveraineté des Etats du Sud, dépourvus de moyens nécessaires pour palier à leurs problèmes internes, faisant toujours appel aux pays du Nord pour régler et stabiliser leurs économies, voire même leurs institutions. Aux différentes guerres commanditées çà et là, ils font toujours appel aux mêmes puissances qui tirent les ficelles. Le cas pour la RDC de 1996 à ces jours (2024) est plus qu'illustratif.

Ainsi, dans cette perspective, il est réellement difficile voire très difficile de parler de l'égalité souveraine des Etats. Cette mondialisation, « *conduit alors à l'empire du chaos, car porteuse de conflits* ».[1]

Que retenir des contextes géopolitique et économique de la mondialisation ?

5.3. Contextes géopolitique et économique de la mondialisation

Il sera question ici, d'analyser le contexte géopolitique de la mondialisation, ensuite, son contexte économique, en vue d'évaluer ce phénomène.

5.3.1. Contexte géopolitique de la mondialisation

Dans ce cadre, nous allons évaluer l'apport de grandes puissances dans la mondialisation et les institutions de Bretton Woods.

Grandes puissances traditionnelles dans la mondialisation

Une Triade explique l'émergence et le développement de ce qu'on a pris l'habitude d'appeler « mondialisation » : les USA, l'Union Européenne et le Japon.

Etats-Unis d'Amérique

Ce sont les Etats-Unis d'Amérique qui ont inauguré la mondialisation à partir d'un mobile, apparemment neutre : l'intérêt national. Pour Dominique Mweze Chirhulwire,[2]

---

[1]AMIN S., *L'Empire du chaos. La nouvelle mondialisation capitaliste*, L'Harmattan, Paris, 1991, p.31.

[2]MWEZE D., *Science, technologie, communication et Mondialisation*, in

derrière « *cette ambition se cache une volonté viscérale de rétablir l'hégémonie américaine* ». Car à chaque période, correspondent des justifications.

Ainsi, ce phénomène a commencé timidement par l'odieuse Traite des Esclaves (noirs) prétextant évangéliser les *noirs païens*, en se poursuivant avec la colonisation prétendant moralement civiliser les peuples sauvages. Ensuite, avec la coopération sous prétexte de développer les pays sous-développés lors de la guerre froide, avant d'aboutir à son stade actuel de la mondialisation aux fins semble-t-il humanistes de lutter contre la pauvreté ; ce, après la chute du mur de Berlin consacrant la victoire du camp libéral (USA) sur le communisme. Après la fin de la guerre froide, la tendance va à se régéopolitiser autour des USA et de la Russie dans une sorte de le rébipolarité multipolarisée avec l'émergence de nouvelles puissances ça et là.

Les USA ont mis en place une politique d'industrialisation et technologisation roulée à travers un programme dénommé « *National-Information-Infrastructure* » (NII). En fait, ils craignaient de perdre le leadership de l'industrie et de la technologie dans la compétition mondiale.

Notons par ailleurs avec Brewster C.D.,[1] que quand la seconde guerre mondiale prit fin, les Etats-Unis d'Amérique s'employèrent à la préparation des Traités, à la mise sur pied de l'Organisation des Nations Unies et d'agences spécialisées, à la démobilisation avec ses problèmes économiques astreignant par la politique intérieure et à la réorganisation des cadres de la politique étrangère et à la défense.

En outre, en 1988, d'après Dominique Mweze Chirhulwire,[2] « *la politique de compétitivité agressive américaine prit forme* ». Il s'agit de la fabrication des semi-conducteurs et des outils informatiques. Les Américains se sont en effet, rendus compte que sans les composants, fabriqués pour

---

Mutunda P. (sous la direction de), *Les enjeux de la mondialisation pour l'Afrique*, Loyola-Canisius, Kinshasa, 1998, p.119.

[1]BREWSTER C.D., *La Politique étrangère américaine ou l'obligation de cohérence*, Economieca, Paris, 1998, p.59

[2]*Idem,* p.119.

la plupart au Japon (qui en détenait le monopole), ils compromettaient gravement les projets militaires ainsi que les équipements qui dépendaient de ces composants.

Des concessions, des subsides importants vont être alloués aux entreprises pour soutenir la recherche, et ce, malgré le clivage politique interne et les problèmes extérieurs au pays. Les USA vont monter plusieurs programmes pour marquer la nouvelle politique industrielle et technologique. Parmi eux, le programme des technologies avancées (*Advenced-Technology-Program*), certains autres touchant les technologies dites « *duales* » (à la fois civile et militaire). D'autres encore la fabrication des véhicules de nouvelles générations, d'autres enfin la fabrication des écrans plats (*Flat Panel Display*). A cela, il faut ajouter le calcul et les communications de haute performance (*Computing and Communication Program*), etc.

Sur le plan technologique, il sied de signaler la production avancée qui nécessite une circulation rapide d'une masse colossale d'informations. Il y a déjà à cette nouvelle osmose entre les inforoutes et le développement de méthodes de production avancée.

Compte tenu de son importance, les USA avaient prévu des instances de financement dont la plus importante est la HPCCI (*High Performance Computing and Communication Initiative* : 1,1 milliard de dollars américains de capital).

Les USA avaient créé une structure pour soutenir ce programme : la *Task Force*. Elle est constituée des utilisateurs, des fournisseurs, des services, des organisations et même des représentants du Gouvernement. Ces membres sont divisés en trois comités comptant cinq groupes de travail. Ils représentent les divers champs : télécommunication, politique de l'information, application, etc. C'est dans ce cadre précis qu'il faut situer l'internet, version américaine. Nous pouvons soutenir que le développement fulgurant de ce réseau des réseaux aux USA va de pair avec des enjeux d'ordre technologique, économique, juridique, culturel, militaire.

Par-dessus tout, les USA ont besoin d'une vision à long terme non seulement sur le monde, mais aussi sur eux-mêmes.

Telle est la vision du républicain Donald Trump, succédant en 2017 au démocrate Barack Obama, ne se faisant qu'à partir d'un capitalisme d'Etat.

« *Absorbés par les problèmes du monde*, surtout en finançant des guerres dans le but d'étendre leur hégémonie, *ils (USA) ont commis la grande erreur de négliger l'importance de leurs propres problèmes* »,[1] soumettant leurs citoyens aux inégalités et chômages accrus. C'est à ce titre que les USA sont considérés comme ordonnateur du désordre.[2] Ils ont mis en place un système se consacrant à réguler le désordre par des normes financières et des expéditions militaires. Ils ont pour ce faire, mis en place une politique construite sur la violence jusqu'aux différentes guerres causées çà et là. Afin ainsi de sortir de ce cercle infernal qu'ils ont installé voire renforcé, qui de plus en plus leur échappe en faveur notamment de la montante Chine par le jeu de délocalisations des entreprises, le Président américain Donald Trump s'employa durant son mandat (2017-2021) dans une politique de repli (*America First*), tout en préservant leur tendance hégémonique.

La mondialisation n'a longtemps été qu'un autre non de l'américanisme. Il s'agit là « *d'un processus, qui tend à subordonner toute l'économie mondiale* ».[3] Elle n'a fait qu'enrichir de plus en plus les riches (industrialisés) et appauvrir de plus en plus les pauvres (sous-développés). En même temps, à la suite de Samir Amin, voire de Stiglitz J.E.,[4] les inégalités s'aggravent.

Le centre de gravité notamment économique du monde a basculé vers l'Asie. Par la force des choses, les USA

---

[1]DOBRESCU P., *La ruse de la mondialisation. L'assaut contre la puissance américaine*, L'Harmattan, Paris, 2015, p.345.

[2]- JOXE A., *L'empire du chaos. Les Républiques face à la domination américaine dans l'après-guerre froide*, La Découverte, Paris, 2002, pp.9-10.

- JACQUET P., *Etats-Unis : une politique étrangère criminelle*, Alphée, Monaco, 2010, p.366.

[3]REVEL J.F., *L'obsession anti-américaine. Son fonctionnement, ses causes, ses inconséquences*, Plon, Paris, 2002, p.292.

[4]STIGLITZ J.E., *La grande fracture. Les sociétés inégalitaires et ce que nous pouvons faire pour les changer*, Babel, New-York, 2015, p.15.

se sont réinventés comme un des géants occupant la scène politique du monde. Leur consolidation historique, c'est d'avoir inauguré, bon gré mal gré, un long cycle historique au sein duquel il n'est plus du tout certain qu'ils seront le pays-phare.

Union Européenne

L'Europe contribue également à la promotion de la mondialisation. Et à ce titre, elle ne lâche point prise sur ses anciennes colonies en Afrique notamment.

Même si l'Union Européenne a une politique envers l'Afrique, il y a trop peu d'accompagnement sur le terrain. Tout en garantissant ses intérêts géoéconomiques et géostratégiques, l'Union Européenne dans ses rapports avec l'Afrique, réduit les Etats en incapables de fournir des biens à leurs citoyens. Ainsi, ils deviennent faibles, défaillants ou faillis. A mesure qu'ils s'affaiblissent, « *les Etats perdent leur capacité à fournir à leurs citoyens ce dont ils ont besoin et voient ainsi remis en cause le monopole de la violence légitime* ».[1] Pour ce faire, la France garde sur le plan monétaire une hégémonie sur certaines de ses anciennes colonies[2] au travers le franc CFA (et prévu qu'il soit d'ici 2027 remplacé par l'Eco comme monnaie unique de la *CEDEAO*[3]) ; sa domination se faisant aussi à travers la *Francafrique* , la *Francophonie* jouant le même rôle, mais ici, s'étant à d'autres Etats ayant en commun partage le français comme instrument culturel.

Il convient de noter que pour l'Europe, la politique de nouvelles technologies de l'information et de communication a connu deux jalons ponctués par des initiatives intermédiaires : 1979 et 1993.

S'inquiétant sur l'Europe, Etienne Davigno recommande qu'elle s'ajuste à un nouvel ordre économique et à de nouveaux rapports de force politique dans le monde pour ne pas être avalée par des nations plus puissantes. D'où la mise sur

[1]Tanguy STRUYE DE SWIELANDE, *Op. Cit.*, p.136.

[2] Cameroun, Congo-Braza-ville, Gabon, Guinée Equatoriale, République Centrafricaine, Tchad, Bénin, Burkina-Faso, Côte d'Ivoire, Guinée-Bissau, Mali, Niger, Sénégal, Togo. Les huit derniers sur cette liste ayant désormais mis fin à cette appartenance qualifiée de *colonialiste.*

[3] Communauté Economique des Etats de l'Afrique Australe.

pied de la stratégie de relance dans le secteur de nouvelles technologies : la télématique. A ses yeux, elle constitue un des enjeux sur lequel se jouera l'avenir de l'Europe. Elle devra s'investir à : - la télécommunication (fabrication des satellites), - l'information des périphériques et confection des programmes, - la fabrication des composants électroniques pour les équipements en télécommunication, en informatique et en privatique, banques de données.

Pour être compétitive sur le marché, l'Europe concentre son investissement important dans la recherche technologique, scientifique et technique, contrairement à l'Afrique subissant les influences des autres penseurs.

En 1984, elle lance le programme *ESPRIT (European Strategic Program for Reseach, Information Technologie)* disséqué en plusieurs mini-projets pris en charge par des industriels européens. De ce fait, *ESPRIT* remporte quelques succès. Plusieurs autres projets de grande envergure consacrés à 40% aux technologies de l'information et de développement voient le jour à travers le programme-cadre pour la recherche et le développement. Ce programme couvre la période 1987-1991. C'est dans ce cadre qu'il faut situer le programme *RACE* (*Research in Advanced Communication in Europa*) qui prendra en compte cinquante projets au moins sur les technologies larges bandes et le développement des réseaux. Dominique Mweze Chirhulwire,[1] cite pour terminer le projet *EUREKA* axé sur la recherche, sur la haute technologie, la *Télévision Haute Définition* (*THD*), en particulier.

En 1993, apparaît pour l'Europe le *livre blanc* intitulé « *Croissance, Compétitivité, Emploi* ». Ce livre est une réaction contre la politique communicationnelle et informationnelle américaine. L'Europe est consciente que les Etats-Unis d'Amérique sont en avance dans les domaines de la télécommunication et de l'audio-visuel. Elle choisit une politique décentraliste, sociétale et planétaire axée sur les priorités suivantes : - diffusion de l'exploitation de technologie

[1]MWEZE D., *Op. Cit.*, in MUTUNDA P. (sous la direction de), *Op. Cit.*, pp.124-125.

de l'information, - dotation d'un cadre réglementaire adapté,- dotation de service de base transeuropéen, - développement de la formation aux nouvelles technologies, science, technologie, - communication et mondialisation, - renforcement des performances technologiques et industrielles.

Comme ce projet lui tenait à cœur, elle a confié la gestion à un « *groupe de personnalités sur la société de l'information* ». A l'image de ce qui se fait aux Etats-Unis d'Amérique, les membres de ce groupe ont eu pour rôle de tracer le cadre réglementaire et veiller à ce que les intérêts des personnes impliquées soient garantis. Le groupe a défini aussi les applications : les services de base, les réseaux européens. Il a donné enfin des recommandations sur le financement au projet et son suivi.

Japon

Le Japon tout comme l'Europe, contribue également à l'avancée de la mondialisation. Pour faire face aux Américains, le Japon a usé de son pragmatisme en axant sa politique d'industrialisation et de technologisation sur la promotion de la créativité intellectuelle. C'est-à-dire, la promotion d'une société intellectuellement créative.

Il mit sur pied un cadre, son « *programme 21* » qui définit selon Dominique Mweze Chirhulwire, sa nouvelle politique dont l'objectif majeur est de « *créer un large éventail de nouveaux marchés et de domaines de croissance en ciblant les développements technologiques sur les nouveaux besoins socio- économiques* ».

Le Japon a quelque chose du projet européen en ce sens qu'il part des besoins de la société (le logement, la recherche, l'enseignement, l'éducation) pour ajuster son alignement sur l'évolution du marché mondial.

Les technologies visées par le « *programme 21* » sont au nombre de quatre : - l'information et la communication avancée ; - la biotechnologie ; - les énergies nouvelles ; - les nouveaux matériaux. C'est qui lui permit notamment de se hisser en deuxième économie mondiale derrière les USA, peu après son détrônement par la Chine (dont les délocalisations d'entreprises occidentales sur son sol sont un des poumons majeurs) la renvoyant ainsi en troisième classe. Et il reste à croire que si les agrégats tels qu'ils se présentent à ces jours restent maintenus, dans les dix années qui suivent, elle (Chine) finira par détrôner les USA. Les conséquences dues de la COVID-19 en sont plus qu'illustratives !

Ce projet *Nippon* est futuriste mais aussi basé sur la compétitivité industrielle et la production des activités intellectuelles. Outre le Japon et l'Europe, la Chine, aussi devient incontournable en matière économique, au regard de la main d'œuvre abondante qu'elle offre aux entreprises délocalisées sur son sol. Ce qui lui a permis de capitaliser les connaissances apprises auprès de géants, en sa faveur. Elle bouleverse ainsi les donnes internationales, surtout sa présence sans frontières dans bien de pays africains pour la reconstruction (le cas de la RDC en fut l'exemple, ayant mis en mal l'avenir du pays par rapport aux habituels partenaires).

BRICS dans la ré-géopolitique mondiale (Pays émergents)

Le BRICS désigne le groupe de cinq pays se réunissant annuellement : Brésil, Russie, Inde, Chine et Afrique du Sud. Club des pays émergents, ces pays sont à forte croissance dont le poids augmente dans l'économie mondiale. Avant l'insertion du géant africain suite au Sommet tenu en Chine le 14 avril 2011, le groupe était appelé BRIC. Son émergence, a symbolisé « *le basculement du monde auquel prennent part aussi d'autres pays dont l'Indonésie, le Mexique, la Turquie* ».[1]

Les cinq pays composant le BRICS sont pour la plupart considérés comme des grandes puissances émergentes, ils sont respectivement les sixième, neuvième, dixième, deuxième et vingt- neuvième puissances économiques mondiales (au sens du PIB nominal). Selon les estimations du FMI, ces pays comptent 40 % de la population mondiale et, en 2015, ils ont assuré 61 % de la croissance mondiale. Leur place dans l'économie mondiale croît fortement : 16 % du PIB mondial en 2001, 27 % en 2011 et d'après des estimations, 40 % en 2025.

---

[1]KATEB A., *Op. Cit.*, pp.10-11.

Faisant partie du Sud économique (exception faite de la Russie), l'économie des pays du BRICS se développe de plus en plus. Leur PIB total égalerait en 2040 celui du G6 (les Etats-Unis d'Amérique, le Japon, le Royaume-Uni, l'Allemagne, la France et l'Italie). Ainsi, ils constituent un contrepoids aux grandes puissances traditionnelles.

Les cinq premières économies mondiales en 2050, mesurées en PIB nominal (millions de US$), pourraient être : la Chine, les Etats-Unis d'Amérique, l'Inde, le Brésil et la Russie. De ce fait, les estimations pour les pays du BRICS ont été revues à la hausse. Les pays composant le BRICS pourraient, dans un avenir proche, renforcer davantage leurs coopérations économiques en échangeant les ressources naturelles et technologiques, le Brésil et la Russie produisant du pétrole et du gaz naturel, tandis que la Chine et l'Inde sont en plein processus d'industrialisation qui nécessite beaucoup d'énergie. Pendant ce temps, l'Afrique du Sud, elle, extraira de ses mines des métaux et d'autres minéraux.

Sur le plan global, les pays du BRICS agissent en défenseurs et porte-paroles des pays dominés dans le concert des nations. Concrètement, ils permettent aux pays dominés d'accéder aux marchés internationaux tout en offrant un traitement *assez meilleur* aux pays pauvres sans *conditionnalités politico-économiques ni ingérences dans les affaires internes*. C'est dans cette optique que les Africains, ont finalement décidé d'y emprunter « *les recettes magiques de croissance et de développement* ».[1] Et l'arrivée de ces nouvelles puissances avec d'autres émergentes sur la scène internationale, « *affectent complètement la croissance et la gouvernance mondiales* ».[2]

[1]SARY B., *La problématique de l'émergence des économies africaines*, L'Harmattan, Paris, 2016, p.10.

[2]M'HAMMED ECHKOUNDI, HAFID HICHRAM et Zakkari YOUNES, *Anciennes et nouvelles puissances en Afrique : Entre logique néocoloniale et partenariat « gagnant-gagnant »*, in TSALA TSALA C.C. (sous la direction de), *L'Afrique dans le monde contemporain. Entre émancipation, néocolonialisme et recolonisation*, L'Harmattan, Paris, 2014, p.245.

Club politique au niveau de politique internationale

Les pays du BRICS n'ont pas de forte politique étrangère bien définie mais il y a certains points communs, comme l'équilibre des relations internationales avec les Etats-Unis d'Amérique ou encore la défense du concept de souveraineté nationale. La Russie, la Chine et l'Inde ont toujours pratiqué une politique d'indépendance envers les Etats-Unis d'Amérique. La nouveauté dans le BRICS, réside dans le fait que, le Brésil, lui aussi, a rejoint le « *club* » des pays critiques envers la politique américaine. L'un des actes fondateurs de la politique du BRICS est la non-reconnaissance du Kosovo. En effet, aucun des membres n'a reconnu le Kosovo jusqu'à présent, alors que Washington pratique un lobbying important pour sa reconnaissance comme il a reconnu Jérusalem en tant que capitale d'Israël.

Le BRICS s'est aussi opposé aux interventions armées en Libye et en Côte d'Ivoire. Même si tous les pays membres ne sont pas actuellement membres permanents du Conseil de Sécurité (seules la Chine et la Russie y sont des membres permanents), ils se sont abstenus lors du vote de la résolution sur la Libye. Encore, les pays du BRICS se sont opposés à toute livraison d'armes à l'opposition armée au Président syrien Bachar al-Assad, aussi s'opposent aux soutiens américains à Juan Gaido contre le pouvoir établi (celui de Nicolas Maduro) au Venezuela. Au sujet de la guerre russo-ukrainienne, ces pays tout en dénonçant l'attitude de la Russie, ne soutiennent pas la position occidentale basée sur les armes en vue d'une solution bien négociée.

De manière générale, les pays du BRICS plaident pour une refondation des organisations internationales comme le Conseil de Sécurité de l'ONU et les organisations de Bretton Woods (FMI, Banque Mondiale) dans un sens qui reflète mieux l'émergence des nouvelles puissances. Car, « *la géopolitique mondiale est en train de redevenir multipolaire* ».[1]

---

[1]HARBULOT C., *La main invisible des puissances. Les Européens face à la guerre économique*, Ellipses, Paris, 2007, p.9.

Club politique sur le plan économique

Les pays du BRICS veulent renforcer leur poids et mieux faire avancer leurs points de vue dans les négociations économiques internationales notamment au Groupe des 20, au FMI et à l'OMC. Lors du Sommet tenu en Chine le 14 avril 2011, ils ont insisté sur la nécessité de réformer le système monétaire international, de réviser la composition des Droits de Tirage Spéciaux.

Emergence du Brésil dans la mondialisation

Le Brésil est la quatrième économie du BRICS et la principale puissance économique, géostratégique et démographique du continent sud-américain. La libéralisation de l'économie brésilienne s'est effectuée au rythme de la libéralisation de l'économie mondiale comme en témoigne l'adhésion du Brésil à l'Organisation Mondiale du Commerce (OMC) et le développement rapide de ses firmes multinationales dans les productions primaires (agriculture, énergie) mais aussi dans les productions industrielles (aéronautique). En dépit du volontarisme de l'Etat, notamment dans le domaine scolaire ou la politique familiale, le Brésil se distingue par une forte croissance marquée par une hausse des inégalités entre les groupes sociaux et entre les régions.

Emergence de la Russie dans la mondialisation

La Russie, plus grand pays au monde par sa superficie, était en déclin démographique pendant plusieurs décennies, et, au contraire des autres pays, son poids industriel est également déclinant. Mais, elle reste la superpuissance militaire la plus importante après les Etats-Unis d'Amérique. Son poids est beaucoup lié à ses riches ressources énergétiques et minières (gaz, pétrole, uranium, etc.). La Russie post-soviétique se singularise donc par une contradiction : c'est à la fois le plus développé du BRICS (la Russie a un des niveaux d'alphabétisation des adultes le plus élevé au monde) mais aussi le plus fragile tant du point de vue économique compte tenu de la faible diversification de sa structure productive que du point de vue démographique.

Emergence de l'Inde dans la mondialisation

L'Inde reste le pays des paradoxes. C'est le pays le moins développé dans le groupe BRICS. Mais il a une répartition des revenus la moins inégalitaire. C'est le futur pays le plus peuplé de la planète (sa population dépassera celle de la Chine vers 2025) mais le développement humain de toute la population reste problématique. C'est un pays dont la majorité de la population est rurale. Il s'impose dans la mondialisation via les grands centres urbains spécialisés dans les industries et les activités des services destinés à l'exportation. La stratégie indienne sur la scène internationale s'appuie sur sa pratique politique consistant à « *influencer efficacement les instances internationales* ».[1] C'est dans ce cadre qu'il faut placer le troisième Sommet avec l'Afrique tenu du 26 au 29 octobre 2015 en Inde à New Delhi sur le commerce et l'industrie, traitant du partenariat renouvelé et de la vision partagée. Il mène ainsi un intense lobbying afin d'obtenir un siège permanent au Conseil de Sécurité de l'ONU. Et même si l'Inde n'est pas une superpuissance agressive, elle veut être respectée comme une vraie puissance, ne serait-ce que dans *l'industrie* du film. Celle-ci est forte de son bon milliard de spectateurs.

Emergence de la Chine dans la mondialisation

En moins de trois décennies, la Chine, nouvel acteur se mettant au travers des visées impériales de l'Occident, est devenue la deuxième puissance économique mondiale derrière les Etats-Unis d'Amérique.

La réforme, l'ouverture ou la montée de la Chine, font partie notamment des facteurs favorisant « *son développement économique d'aujourd'hui* ».[2] Elle est, à ce titre au niveau mondial « *le pôle économique le plus dynamique et le plus important* ».[3] *Cette croissance spectaculaire, attribuée « à*

---

[1]BOILLOT J.J. et DEMBINSKI S., *op. cit.*, p.354.

[2]Wu LI, SUI FUMIN et ZHENG LEI, *L'économie chinoise. Le rôle de la Chine dans l'économie mondiale*, Pages Ouvertes, Paris, 2014, p.98.

[3]MARISTELLA SVAMPA, *Reconfiguration du clivage Nord-Sud et géographie de l'«extraction»*, in *Alternatives* Volume 23-2016/2, *Obsolète, le clivage Nord-Sud ? Points de vue du Sud*, CETRI/Syllepse, Louvain-la-Neuve/Paris, 2016, pp.26-28.

l'ouverture à la mondialisation »,[1] est essentiellement basée sur l'exportation de biens de grande consommation. La « *nation commerçante* » n'est pas qu'une puissance économique, elle s'impose aussi comme puissance financière, militaire et surtout culturelle. Cette situation fait d'elle « *le troisième partenaire commercial notamment de l'Afrique après l'Union Européenne et les Etats-Unis d'Amérique* ».[2] Ainsi, la Chine est considérée « *comme adversaire des USA comme l'était l'ex-URSS* »,[3] pendant la guerre froide. Cette présence croissante inquiète d'ailleurs les autres puissances.

Les efforts croissants de la Chine démontrent qu'elle pourrait devenir « *la première puissance économique de la planète en dépassant les Etats-Unis d'Amérique entre 2020 et 2030* ».[4] La montée actuelle en puissance de la Chine sur la scène internationale est un fait géopolitique majeur.[5] Elle devient une puissance, avec qui l'Occident doit faire affaire. Cet état des choses, fut déjà proclamé par Peyrefitte A.,[6] à la suite de Napoléon Bonaparte, prédisant « *l'imposition chinoise sur l'échiquier mondial, ce, après son éveil* ». Cette montée est consécutive entre autre au poids démographique chinois, qui après avoir atteint une culture et une technologie suffisantes, le monde tremble aussi aux dépens chinois. Car, économiquement, culturellement et politiquement, « *un autre monde est en train de naître* ».[7] Une véritable révolution est donc en cours,

---

[1]LIU Z., (sous la direction de), *La Chine innove. Politiques publiques et stratégies d'entreprises*, L'Harmattan, Paris, 2014, p.17.

[2]TANGUY STRUYE de SWIELANDE, *op.cit.*, p.27.

[3]KISSINGER H., *La nouvelle puissance américaine*, Fayard, Paris, 2003, p.146.

[4]-BOILLOT J.J. et DEMBINSKI S., *op.cit.*, p.340.

- NGUYEN E., *Les relations Chine-Afrique ? L'Empire du Milieu à la conquête du continent noir*, Studyrama Perspectives, Paris, 2009, p.9.

[5]RICHER P., *L'offensive chinoise en Afrique*, Karthala, Paris, 2008, pp.13-19.

[6]- PEYREFITTE A., *Quand la Chine s'éveillera... le monde tremblera,* Fayard, Paris, 1973.

- PEYREFITTE A., *La Chine s'est éveillée*, Fayard, Paris, 2000.

[7]- BADIE B. et VIDAL D. (sous la direction de), *Puissances d'hier et de demain. L'état du monde en 2014,* La Découverte, Paris, 2013, p.34.

- BONIFACE P., *Comprendre le monde. « Les Relations Internationales expliquées à tous »*, 4ème édition, Armand Colin, Paris, 2017, pp.18-19.

lentement et sûrement. L'éveil de la Chine, comportant un excédent commercial et en tant que grand créancier notamment des USA, avec d'autres puissances engagées dans la ré-géopolitisation mondiale, « *démontre que les puissances occidentales avec les Etats-Unis d'Amérique en tête, ne sont plus les seuls maîtres* ».[1] Cette position renvoie à réflexion l'ex-Président américain Georges Bush Sénior, qui déclarait que le XXIème serait américain.

Emergence de la République Sud-Africaine dans la mondialisation

La République Sud-Africaine abrite cinquante millions d'habitants. Elle a un faible PIB que celui de la Chine. L'entrée de la République Sud-Africaine dans ce club ne se traduit que par la représentativité du continent africain en tant que puissance continentale. Ainsi, le Mexique, la Corée du Sud et la Turquie,… voudraient rejoindre le groupe.

Que dire du contexte économique de la mondialisation ?

5.3.2. Contexte économique de la mondialisation

Sous l'impulsion des institutions de Bretton Woods, entreprises transnationales géantes et investissements directs à l'étranger que nous qualifions de contexte économique, un processus de restauration de l'économie mondiale en un marché libre, unique, dénommé *mondialisation* a été annoncé. En effet, le processus fortement marqué par une invention systématique des multinationales à travers les investissements directs à l'étranger, produit des effets dévastateurs sous l'impulsion des activités de ces géantes.

Institutions de Bretton Woods

Il s'agit du Fonds Monétaire International (FMI) et de la Banque Mondiale. Ces deux organisations ont été conçues en 1944 à Bretton Woods (USA). Le FMI a institué le système des quotes-parts. Il coordonne les politiques monétaires. Il est le gardien des règles de Bretton Woods et offre des crédits.

---

[1]AL GORE, *Op. Cit.*, p.24.

Pour Pellet A.,[1] en entrant au FMI, « *chaque Etat souscrit à une part du capital, dont il verse intégralement le montant, pour partie en devise ou en Droits de Tirages Spéciaux (en or avant 1978), et l'autre partie en monnaie nationale* ».

Indépendamment des critiques générales auxquelles l'aide du Fonds peut être soumise, la politique du FMI présente un double inconvénient : d'une part, elle est limitée dans son ampleur par le plafond de 200% de la quote-part ; d'autre part, elle est indifférenciée et ne prend pas en considération les causes particulières des difficultés rencontrées par les Etats membres.

Pour y remédier, le FMI a multiplié les politiques spécifiques destinées à permettre aux Etats membres d'effectuer des tirages pour « *surmonter des problèmes déterminés de balance des paiements, l'encours total des achats effectués par un Etat (dans le cadre de la politique des tranches et des politiques spécifiques) ne pouvant cependant dépasser un pourcentage spécifié de la quote-part (450% en principe depuis 1985)* ».[2]

Le schéma général de ces facilités est identique à celui de la politique suivie par le Fonds à l'égard des achats dans les tranches de crédit : les tirages effectués par les Etats sont soumis à une obligation de rachat, au paiement d'une commission et à la conditionnalité, en général par le biais d'accords de confirmation.

La Banque Mondiale, quant à elle, peut également faire des prêts à des entreprises privées. Mais dans ce cas, les entreprises doivent obtenir les garanties ou l'aval de l'Etat dont elles relèvent. Pour répondre au besoin du pays en voie de développement, la BM a créé des filiales.

Ces deux institutions sont sous la domination des USA, qui exercent une influence significative. « De ce fait, *elles perdent leur légitimité avec une efficacité limitée* ».[3] Cette

---

[1]PELLET A, *Op. Cit.*, p.698.
[2]PELLET A, *Op. Cit.*, p.700.
[3]– ALLEGRET J.P. et LEMERRER P., *Economie de la mondialisation.*

contestation de légitimité est consécutive d'une part au trop faible poids accordé aux pays en développement dans leur processus de décisions. Elles sont en même temps soumises à des importantes influences politiques.

Firmes Multinationales

Le concept de Firme Multinationale peut revêtir plusieurs désignations. C'est ce que nous remarquons parmi de doctrinaires. Ainsi, on peut la désigner par *sociétés multinationales*, *sociétés transnationales*, *transnationales*, *multinationales*, etc.

Touscoz J.A.,[1] définit une firme multinationale comme « *une société constituée par des entreprises réparties sur des territoires d'Etats différents et reliées juridiquement entre elles de telle sorte qu'elles obéissent à une stratégie commune* ». Pour une bonne commercialisation et un bon approvisionnement de leurs produits, ainsi que leurs industries en matières premières, les firmes multinationales ont installé des filiales au-delà de leurs frontières nationales. D'où, elles utilisent une main d'œuvre bon marché, pour augmenter facilement leur capital.

Ainsi, est considérée comme filiale une entreprise dont la maison mère détient au moins 10% du capital. Sur cette base, en 2002 environ 64.000 firmes multinationales disposèrent de 870.000 filiales et employant 54 millions de salariés à travers le monde.

Notons cependant, qu'une entreprise peut avoir des représentations commerciales à l'étranger. Mais elle ne sera vraiment multinationale que si « *elle produit tout ou partie de ses produits à l'extérieur de son territoire national* ».[2]

Fortes de leurs puissances économique et financière, ces sociétés ou firmes n'hésitent pas à intervenir de multiples

---

Opportunités et fractures, De Boeck, Paris, 2012, p.279.

- STIGLITZ J.E., *Globalization and the logic of international collective action: re-examining the Bretton woods institutions*, in Nayyen D. (sous la direction de), *Governing globalization, issues and institutions*, Oxford University Press, Oxford, 2002, pp.243-271.

[1]TOUSCOZ J.A., *Droit International*, PUF, Paris, 1993, p.185.

[2]MUCCHEILLI J.L., *Op. Cit.*, p.18.

façons dans les affaires intérieures des pays en voie de développement. Ce faisant, elles influencent fortement le cours de relations internationales de ces Etats dont nombreux sont financièrement faibles face à ces monstres financiers modernes.

Ces firmes d'origine de grandes puissances, bafouent ainsi souvent la souveraineté des pays en voie de développement. Devenues acteur principal de la mondialisation, ces firmes (Ford, Mitsui et Mitsubishi, General motors, Mobil et Union Carbide, Coca Cola, Nestlé, Total, etc.) réduisent les Etats comme de simples structures pour accomplir leur volonté ; et sont utilisées par leurs Etats respectifs (puissants) afin de tout obtenir de la part des Etats qu'ils affaiblissent. D'où la méfiance entretenue des Etats sous-développés aux politiques de ces sociétés s'avérant antisociales, plaidant ainsi dans le cadre de la Communauté Internationale à la réglementation de leurs activités.

Que retenir sur les investissements directs à l'étranger ?

5.3.3. Problématique des Investissements Directs à l'Etranger

Dans le manuel de balance de paiement du FMI, l'investissement direct à l'étranger est défini comme « *un investissement qui implique une relation à long terme reflétant ainsi un intérêt durable d'une entité résidente (entreprise investie) d'un autre Etat* ».[1] Notons par ailleurs que les IDE correspondent « *aux investissements réalisés dans le but de créer ou de prendre le contrôle d'une entreprise hors du territoire national* ».[2]

C'est donc un mouvement international de capitaux réalisés dans le but d'une création, d'un développement ou du maintien d'une filiale à l'étranger et/ou d'exercer le contrôle sur la gestion d'une entreprise étrangère. Par convention, cet investissement est établi dès lors qu'un investisseur acquiert au moins 10 % du capital social de l'entreprise investie.

---

[1]KRUGMAN P.R., *Op. Cit.*, p.73.

[2]MELO J. (de) et GRETHER J.M., *Commerce international : Théories et applications*, De Boeck et Larcier, Paris-Bruxelles, 1997, p.390.

L'intérêt pour les firmes d'exporter le capital est d'échapper aux taxes nationales contraignantes pour leur profit. Par la même occasion, la Firme accroît sa part de marché international en étendant son champ d'action et le nombre de clients potentiels de différentes nationalités.

En effet, l'investissement extérieur prend une importance grandissante et influe très visiblement sur l'économie mondiale. A la fin des années 1970, nombreuses de banques des pays développés ont prêté de grosses sommes aux pays du Tiers-monde. Ce flux fut interrompu dans les années 1980, décennie de la crise de l'endettement. Mais il a depuis repris sur une grande échelle avec le boom des marchés émergents qui s'est manifesté après 1990.

Ainsi, nombre des craintes exprimées à propos de la croissance du Tiers-monde semble se focaliser sur le flux des capitaux, plutôt que sur le commerce. Ainsi, l'on craint de voir une « *restructuration massive de l'appareil productif* », faisant sans doute référence aux Investissements Directs à l'Etranger réalisés dans le Tiers-monde.

Au cours du sommet sur l'emploi réuni à Detroit en mars 1994, le Secrétaire d'Etat américain à l'Emploi lui-même, Robert Reich, expliquait les problèmes de chômage dans les économies occidentales par la mobilité du capital. Il semblait effectivement affirmer que « *le capital du premier monde était en train de créer des emplois dans le Tiers-monde seulement* ».[1]

Ces craintes sont-elles justifiées ? On peut répondre oui en principe, mais en pratique.

Pour Krugman P.R.,[2] les manuels classiques enseignent que « *les flux internationaux de capitaux du Nord vers le Sud pourraient entraîner une baisse de salaires dans le Nord* ». Pourtant, les flux réellement observés depuis 1990 sont beaucoup trop faibles pour avoir eu des conséquences dévastatrices que beaucoup de gens imaginent.

Le capital exporté vers le Tiers-monde est du capital qui ne sera pas investi à l'intérieur, de sorte que l'investissement

---

[1]KRUGMAN P.R., *Op.Cit.*, p.74.
[2]*Idem*, p.75.

du Nord dans le Sud signifie que la productivité et les salaires du Nord doivent régresser. Les investisseurs du Nord obtiennent sans doute de ces investissements un rendement supérieur à celui qui aurait été le leur s'ils avaient investi chez eux.

Le développement du Tiers-monde se fait aux dépens du premier monde. Il faut poser le problème non de savoir si les effets négatifs existent en principe, mais de savoir quelle est leur importance dans la pratique.

Combien les pays avancés ont-ils exporté de capitaux vers les pays en voie de développement ? Au cours des années 1980, le chiffre des investissements nets Nord-Sud était pratiquement égal à zéro (mieux, les intérêts ajoutés au remboursement de la dette ont toujours été plus importants que les nouveaux investissements). Tout s'est donc passé depuis 1990. « *En 1993, qui fut jusqu'ici la meilleure année pour les investissements sur les marchés, qu'ils émergent les flux des capitaux investis par les pays avancés vers l'ensemble des pays nouvellement industrialisés totalisaient environ 100 milliards de dollars américains* ».[1] Cela peut donc paraître beaucoup. Mais ce n'est pas si énorme comparé aux chiffres de l'économie du premier monde. En 1992, l'ensemble des PNB additionnés d'Amérique du Nord, d'Europe et du Japon atteignaient un total supérieur à 18.000 milliards de dollars américains.

Les investissements dépassaient 3.500 milliards de dollars américains pour un stock de capital d'environ 3% seulement des investissements du premier monde qui furent détournés vers l'extérieur, réduisant la croissance du patrimoine national d'un chiffre supérieur à 0,2%. Depuis 1990, le boom économique des émergents ont ainsi érodé le stock de capital du monde avancé d'environ 0,5% par rapport à ce qu'il aurait été sans lui.

Les exportations des capitaux vers le Tiers-monde attirent l'attention parce qu'elle exhale un parfum d'exotisme. Mais les sommes sont faibles en comparant à celles des déficits budgétaires des pays développés. D'aucuns pensent que nous vivons dans un monde où les capitaux sont très mobiles et que

---

[1]KRUGMAN P.R., *Op. Cit.*, pp.74-75.

les mouvements des capitaux observés jusqu'ici modifient fort peu les choses, tout au moins pour les pays développés

Quelle politique envisagée pour la riposte face à la mondialisation ?

A partir de différentes thèses sur la mondialisation, il se dégage qu'elle est un processus asymétrique dont certains contextes l'ont favorisée. Dans cette logique, l'Occident, avec tous les instruments créés pour la cause, a permis, à son tour, l'émergence de nouveaux cadres de pensée. Si hier, l'Occident a dominé le monde, de nos jours, avec la naissance de nouvelles forces régéopolitisent le même monde en leur permettant une respectabilité.

VI.
Politiques de riposte face la mondialisation

Il convient à présent d'envisager des politiques de riposte face à la mondialisation en ce dernier point.

La mondialisation, vue par les Etats du Sud équivaut à la perte d'emplois engendrant ainsi de fortes inégalités sur tous les plans. Elle est donc chimérique et une nébuleuse, qui, après s'être installée et maintenue, s'est fortement renforcée par la force des choses, par les grandes puissances intégrant le reste de la planète sous leur vision. Pour elles, elle est une chance, leur permettant une large visibilité au-delà de leurs frontières nationales. C'est dans cette optique que plusieurs propositions vont dans le sens à concilier le phénomène de la mondialisation, qui intéresse toutes les Nations d'une manière inéluctable et irréversible, et s'oppose à l'égalité souveraine dont disposent les Etats, surtout faibles.

Pour ce faire, la restructuration des organisations internationales (avec ONU comme cas de figure) pour le respect du Droit International dans la mondialisation en vue de préserver l'égalité entre les Etats reste une des mesures principales. De ce fait, quelques réponses par rapport aux questions soulevées par ce phénomène seront élucidées. Mais tout ceci, a comme base le renforcement des capacités régaliennes et l'édification de l'Etat- nation fort et conscient de ses responsabilités. D'où, un *Etat- stratégique* prévoyant, évaluant, gérant, régulant, sur base des besoins en présence, transformant comme le note Bongeli E.,[1] les inutiles cerveaux en cerveaux utiles.

---

[1] BONGELI E., *Education en République Démocratique du Congo. Fabrique de cerveaux inutiles ?*, L'Harmattan, Paris, 2015.

Il faut penser à la restructuration des organisations internationales et au respect du Droit International dans la mondialisation et envisager des politiques correctives aux déséquilibres de la mondialisation.

6.1. Restructuration des organisations internationales et respect du Droit International dans la mondialisation

La restructuration des organisations internationales, ainsi que le respect du Droit International dans la mondialisation, constituent des piliers majeurs permettant de rendre équilibrés les rapports entre acteurs au sein du système-monde. Car il reste admis que ce droit demeure complaisant à l'égard des Etats forts et contraignant à l'égard des faibles. Ceux qui ont la force (puissance) ont le droit et ceux n'ayant pas celle-là n'ont pas celui-ci, donc soumis tout simplement aux devoirs envers ceux-là. La nature donc d'Etat en dépend.

6.1.1. Restructuration des Organisations Internationales

Il est un fait que les Etats modernes se regroupent dans des institutions dotées de la personnalité juridique pour atteindre un objectif d'intérêt international. Ces institutions internationales, mieux, les organisations internationales d'intégration, se voient conférer d'une portion de la souveraineté de chacun des Etats qui les composent. Bien que bénéficiant d'une souveraineté fonctionnelle, l'organisation internationale agit efficacement dans certains domaines lui conférés par les Etats membres. D'où la restriction du domaine réservé de l'Etat, en vertu du principe de *pacta sunt servanda*.

Partant du pouvoir dont disposent les organisations internationales, une égalité de composition de leurs membres serait nécessaire pour sauvegarder le principe cardinal de l'égalité souveraineté entre les Etats du Sud et ceux du Nord.

Notons de prime abord que la notion d'égalité souveraine des Etats est un principe fondamental du Droit International classique. Or le Droit International a été contesté dans les pays en voie de développement comme masquant l'inégalité de fait entre les Etats riches et les Etats pauvres. Les conventions de Lomé, passées entre la Communauté

Economique Européenne (CEE) et divers Etats d'Afrique, des Caraïbes et du Pacifique (ACP), ont établi des inégalités de droit entre les Etats concernés pour empêcher l'aggravation du sous-développement dans le second groupe (ACP) et pour tenter de pallier les inégalités de fait entre les deux groupes. En application de cette règle, on traite alors inégalement des Etats inégaux du point de vue de leur niveau de développement.

Par ailleurs, parmi les organisations à vocation internationale, l'Organisation des Nations Unies demeure au centre et la plus importante. Car, « *les relations internationales de l'après deuxième guerre mondiale avaient été essentiellement organisées en son sein, autour de la principale question de la paix et de la sécurité internationales* ».[1]

Ainsi, il convient de souligner que le Conseil de Sécurité, l'organe de l'Organisation des Nations Unies détenant plus de pouvoir, accuse d'une certaine inégalité quant à sa composition où il existe *cinq membres permanents*[2] et dix membres non permanents. Ces dix membres sont élus pour deux ans à la majorité des deux tiers par l'Assemblée Générale de l'Organisation des Nations Unies, et renouvelés par moitié tous les ans. Notons en sus que le système de l'Organisation des Nations Unies présente des inégalités tel que le *droit de veto* dont disposent les membres permanents du Conseil de Sécurité. Ce droit utilisé, va jusqu'à paralyser la mise en œuvre des plans de sanction dans les situations jugées même les plus préoccupantes. C'est pourquoi des voix se lèvent pour exiger la réforme du Conseil de Sécurité dans le sens de son élargissement, dont la première réforme fut intervenue en 1963. Celle-ci permit la création des quatre nouveaux sièges non permanents. Le troisième Sommet Inde- Afrique tenu en Inde à New-Delhi du 26 au 29 octobre 2015 est revenu sur cette problématique.

---

[1]BIYOYA P., *Op. Cit.*, p.163.
[2]USA, France, Grande-Bretagne, Russie, Chine.

Dans cette perspective, il est intéressant avant de relever les différentes Déclarations de l'ancien Président de la République française Nicolas Sarkozy à ce sujet, reprendre en premier lieu le Discours de l'ancien Président de la République Démocratique du Congo Joseph Kabila à la soixante-neuvième session ordinaire de l'Assemblée Générale de l'Organisation des Nations Unies le 25 septembre 2014 à New-York aux Etats-Unis d'Amérique.

Discours à la 69-ème session ordinaire de l'Assemblée Générale de l'Organisation des Nations Unies le 25 septembre 2014 à New-York (Etats-Unis d'Amérique)

« Je me réjouis d'être parmi vous ce jour pour apporter, une fois encore, la contribution de la République Démocratique du Congo au débat sur le présent et l'avenir de l'humanité.

[...]

Avant de clore mon propos, permettez-moi de rappeler le plaidoyer récurrent de la République Démocratique du Congo pour une juste représentation de l'Afrique dans les organes de prise de décisions des Nations-Unies, particulièrement au sein du Conseil de Sécurité.

Il n'est pas normal, en effet, que l'Afrique, continent auquel appartiennent six des dix économies les plus dynamiques du monde aujourd'hui, dont le taux de croissance et la jeunesse de la population augurent d'un statut de puissance démographique et qui, de par ses forêts, ses réserves d'eau douce et ses terres arables est incontournable dans la mise en œuvre des stratégies de développement durable, ne dispose pas de sièges permanents au sein de l'Organe de notre Organisation chargé de veiller sur la paix et la sécurité internationales.

Il est temps, plus que temps, que cela change. C'est une question de justice. C'est aussi la condition de notre efficacité collective ».

Discours au Sommet de l'Union Africaine le 30 janvier 2011 à Addis-Abeba (Ethiopie)

« *Je suis convaincu depuis bien longtemps que l'Afrique n'a pas la place qui lui revient dans la gouvernance internationale. Alors, puisque le Président de l'Assemblée Générale des Nations Unies est ici et que le Secrétaire Général est ici, je leur dis : faites la réforme du Conseil de Sécurité dès cette année. N'attendez pas. La France vous soutiendra. Ne faites pas un discours, prenez des décisions. Elargissez le nombre de membres du Conseil de Sécurité, reconnaissez au milliard d'Africains la place à laquelle ils ont droit et la France vous soutiendra.*

Cela fait 30 ans qu'on parle de la réforme. Je vous propose qu'on la fasse en cette année 2011. Les éléments sont sur la table. On sait qu'il faut augmenter le nombre de membres du Conseil de Sécurité, sans doute passer par une réforme intérimaire. Ne créons pas un groupe de travail, faisons le débat et réalisons la promesse d'associer l'Afrique, le continent latino-américain et d'autres partenaires à ce Conseil de Sécurité. Et à ce moment-là, Monsieur le Président, il n'y aura plus d'organisations concurrentes. Si le Conseil de Sécurité représente le monde dans sa diversité, alors il n'y aura plus besoin d'autres organisations. Et si d'autres organisations ont été créées, c'est parce qu'on n'arrivait pas à débloquer la réforme du Conseil de Sécurité ».

Discours au XIIIème Sommet de la Francophonie le 23 octobre 2010 à Montreux (Suisse)

« *Est-il normal qu'il n'y ait aucun membre permanent du Conseil de Sécurité émanant de l'Afrique ? Un milliard d'habitants, dans trente ans deux milliards d'habitants, qui n'ont pas de représentation permanente. C'est un scandale.*

Est-il normal qu'il n'y ait pas de représentant permanent du continent sud-américain au Conseil de Sécurité ? Pas un seul ! Est-il normal qu'un pays comme l'Inde, qui sera bientôt le pays le plus peuplé du monde, n'y soit pas ? Et même, est-il normal que des pays soient absents alors qu'ils pèsent dans l'économie du monde — je pense au Japon, je pense à l'Allemagne —, parce que leurs dirigeants avaient fait le mauvais choix au *moment de la Seconde guerre mondiale ? Nous sommes au XXIème siècle, nous ne sommes plus au XXème siècle.*

J'ai entendu, Madame la Présidente, votre inquiétude sur le fait qu'un petit nombre d'Etats prendraient en main la résolution de problèmes qui concernent, vous avez raison, tous les Etats du monde. Mais alors ayons le courage d'aller jusqu'au bout. Le G192, j'y crois, mais à condition qu'il ait le courage de prendre des décisions ! Et le système qui consiste à dire : « on ne prend de décision que si tout le monde est d'accord », c'est un système qui est condamné parce que c'est un système qui fera le lit de l'immobilisme, du conservatisme et donc, à l'arrivée, de ceux qui ne veulent rien faire. Nous n'avons pas le choix. Si nous voulons garder ce système, il faut le réformer et la réforme intérimaire du Conseil de Sécurité, je le dis, elle est indispensable ».

Conférence de presse du 27 juin 2010 après le Sommet du G8

« Nous ne pouvons plus attendre pour lancer la réforme du système des Nations Unies. Cela concerne au premier chef le Conseil de Sécurité dont la réforme est absolument bloquée depuis vingt ans. Cela concerne également les agences ou institutions spécialisées de la galaxie onusienne.

Concernant le Conseil de Sécurité, la France et le Royaume-Uni ont proposé une réforme intérimaire. C'est le meilleur moyen - probablement d'ailleurs le seul - de sortir du blocage actuel. La Chancelière Merkel soutient cette procédure de réforme intérimaire. Nous en avons fait une priorité des Présidences françaises du G8 et du G20 en 2011 et Stephen Harper, d'ici à la fin de sa Présidence, va essayer de rapprocher les points de vue sur la question de la réforme intérimaire du Conseil de Sécurité. Les choses ont vraiment bien progressé, en tout cas au sein du G8 ».

Allocution prononcée en séance de clôture du XXVème Sommet Afrique-France le 1er juin 2010

« Comment peut-on accepter un monde où 25 % des membres de l'Assemblée Générale des Nations Unies sont Africains et où pas un seul membre de l'Afrique n'est membre permanent du Conseil de Sécurité. Comment peut-on accepter un monde où

60 % des opérations de maintien de la paix décidées par le Conseil de Sécurité des Nations Unies se déroulent en Afrique et sont décidées par un Conseil où pas un membre africain n'est membre permanent dudit Conseil ! C'est une anomalie, c'est une injustice, c'est une source de déséquilibres et ensemble l'Afrique, la France et l'Europe, nous allons remédier à cet état de fait et nous allons nous battre pour que la gouvernance mondiale du XXIème siècle corresponde au XXIème siècle et pas au XXème ».

Allocution prononcée le 29 mars 2010 à l'Université de Columbia (New-York, Etats-Unis d'Amérique)

« *Nous avons un Conseil de Sécurité des Nations Unies, avec un certain nombre de membres permanents qui ont le droit de veto. Mais ce Conseil a été défini au lendemain de la seconde guerre mondiale. Savez-vous, vous jeunes étudiants de Columbia, qu'il n'y a pas un seul pays d'Afrique membre permanent du Conseil de Sécurité ? Un milliard d'habitants ! Savez-vous qu'il n'y a pas un seul pays arabe, centaines de millions d'habitants, qui soit membre permanent du Conseil de Sécurité ? Savez-vous que l'Inde, un milliard d'habitants, dans trente ans le pays le plus peuplé du monde, n'est pas membre permanent du Conseil de Sécurité ? Que le Japon, la deuxième économie du monde* (devenu deuxième après la Chine)*, n'est pas membre permanent du Conseil de Sécurité ? Pourquoi ? Parce qu'il y a soixante ans, ils ont perdu la guerre. Est-ce que c'est raisonnable ? Savez-vous qu'il n'y a pas un seul pays d'Amérique latine qui soit membre permanent du Conseil de Sécurité ? Comment voulez-vous, que nous puissions régler dans le cadre de l'ONU les grandes crises, les grandes guerres, les grands conflits si on pense qu'on peut le faire sans l'Afrique, sans les trois quarts de l'Asie, sans l'Amérique latine, sans un seul pays arabe ? Est-ce que c'est raisonnable ? Est-ce que cela a un sens ? Est-ce que c'est même imaginable ? Qui peut croire cela* » ?

Ces différents points de vue collectivement partagés avec un grand nombre de Chefs d'Etat des pays membres, vont dans le sens d'augmenter le nombre des membres du Conseil de Sécurité afin d'assurer une représentation géographique plus équilibrée et un processus de prise de décision responsable et plus transparent. Ceci a été aussi soutenu lors du troisième Sommet Inde-Afrique tenu à New-Delhi en Inde du 26 au 29 octobre 2015 et à la soixante-douzième (2017) session ordinaire de l'Assemblée Générale de l'Organisation des Nations Unies (notamment par le Congolais Joseph Kabila et le Guinéen Alpha Konde).

Ainsi, le Conseil de Sécurité en vue de préserver la paix et la sécurité internationales dans une sphère éprise par l'égalité souveraine entre les Etats, a été amené à établir un rapport sur la question de la représentation équitable au Conseil de Sécurité et l'augmentation du nombre de ses membres et questions connexes.

Partant de cette observation sur l'élargissement du Conseil de Sécurité, il est évident de remarquer l'unanimité de tous les membres de l'ONU sur la restructuration du Conseil de Sécurité pour assurer une représentativité équitable de tous ses membres afin de garantir l'égalité des Etats et le développement international. Car, certains (ceux du Nord) priment sur les autres (ceux du Sud), maintenant l'état *bébé* de ces derniers.

Dans la recherche de la réforme du Conseil de Sécurité, plusieurs contradictions persistent. Elles se situent dans le souci des membres permanents ne voulant pas intégrer d'autres. Car l'ONU fut créée en fonction des intérêts des vainqueurs de la deuxième guerre mondiale.

6.1.2. Respect du Droit International dans la mondialisation

Pour assurer l'égalité des Etats dans l'ère de la mondialisation, il faut en outre que les Etats respectent le Droit International et que l'économie n'affecte pas la vie politique des Etats. Ainsi, l'on bouleversera la tangente américaniste de beaucoup d'affaires en politique. Bien que les Etats se diffèrent quant à leur niveau de développement, pour assurer la paix et la sécurité internationales, ils doivent se respecter mutuellement. Ce respect n'est possible qu'en fonction de la mobilisation des forces agissantes.

En revanche, l'égalité des Etats est une notion nécessairement plus théorique du seul fait des disparités économiques, sociales, culturelles et politiques qui existent entre nations. L'affirmation du groupe des 77 réuni à la Havane du 10 au 14 avril 2000 qui déclarait dans son point 54 du Rapport :

« *Nous réaffirmons la nécessité d'une claire distinction entre l'assistance humanitaire et les autres activités des Nations Unies. Nous rejetons le soi-disant droit d'intervention humanitaire, qui n'a aucun fondement juridique dans la Charte des Nations Unies et dans les principes généraux du Droit International, etc. Nous confirmons que l'assistance humanitaire doit être entreprise dans le strict respect de la souveraineté, de l'intégrité territoriale et de l'indépendance politique des Etats concernés et qu'elle ne peut être déclenchée qu'en réponse à une demande et qu'avec l'approbation des Etats concernés. En lieu et place d'une assistance imposée* ».

Notons par ailleurs que l'évolution du concept de souveraineté conduit à une limitation volontaire. Au-delà des pouvoirs d'intervention donnés au Conseil de Sécurité (article 24 de la Charte) pour faire respecter les buts et principes de la Charte notamment en cas de menace contre la paix, de rupture de la paix et d'acte d'agression (combinaison des chapitres VI, VI bis et VII) qui conduisent à une limitation volontaire du périmètre de la notion de la souveraineté, celle-ci a évolué depuis 1945 sous la pression de nombreux facteurs.

La notion de la souveraineté évolue, avec la mondialisation grandissante, à tel point de se vider de contenu ; la conception classique de la souveraineté nationale absolue est devenue intenable et doit faire place progressivement à une souveraineté raisonnable exercée en commun. Du reste, le principe de souveraineté n'a jamais été absolu, limité qu'il était par le droit naturel puis, progressivement, par l'élaboration du Droit International ; d'où son sens relatif tenant compte aussi de la puissance d'un Etat tant sur le plan politique qu'économique.

A cet effet, le déclin relatif de la notion de souveraineté, l'hypertrophie du rôle du Conseil de Sécurité et la tendance à l'uni-polarisation du monde, devraient être rééquilibrés par une revalorisation du principe d'égalité des Etats. Et déjà de nos jours, l'on assiste plutôt à un monde multipolaire avec l'émergence de nouveaux Etats avec lesquels les traditionnels puissants font d'ores et déjà avec.

Ainsi, la déclaration du Groupe des 77 à la Havane permet de souligner un point fondamental : en dépit de toutes les assertions de principe, *l'égalité est un leurre en termes de Droit International et l'ingérence est par nature inégalitaire.*

L'ingérence ne peut qu'être suspecte dans un monde organisé autour de l'égalité souveraine d'Etats, fondamentalement inégaux dans les faits. Les différents événements qui se passent de nos jours sur la planète démontrent à suffisance que ce sont les puissants à raison de leurs intérêts stratégiques qui s'ingèrent dans les affaires internes des autres Etats faibles. Et la même dynamique ne se remarque point au sein de puissants Etats, qui du reste, ne sont pas épargnés des menaces allant à les fragiliser. De ce fait, ce qui s'est passé au Venezuela et continue à se passer en RDC affaiblie avec un chao entretenu par les forces étrangères et où pullulent et se *disputent* les aides humanitaires, doit être suspecté comparativement à la « *situation critique* »,[197] dans laquelle fut plongée en novembre 2018 la France !

6.2. Politiques correctives aux déséquilibres de la mondialisation

Le potentiel de transformation engendré par la mondialisation est important. La tendance actuelle qui est au laisser-faire économique accentue les effets secondaires de la mondialisation à divers degrés : baisse de la concurrence, hausse des inégalités, déficit démocratique.

La possibilité d'un contre-mouvement à l'égard de la mondialisation est bien réelle, nonobstant le fait que celle-ci soit beaucoup mieux enracinée qu'au début du siècle.

---

[197] Il s'agit du mouvement dit *gilets jaunes* protestant contre les mesures antisociales, utilisant les mêmes méthodes (avec dégâts matériels, pillages,…) caractérisant les Etats dits *fragiles* d'Afrique.

Les inégalités sont plus visibles de nos jours puisque les exclus côtoient quotidiennement ceux qui ont réussi à s'intégrer à l'économie mondiale dans les grands centres urbains. Ils sont aussi mieux organisés, profitant dans une certaine mesure des avantages de la mondialisation et de l'information.

Plusieurs mouvements contradictoires porteurs de conflits se chevauchent, tel que le processus dialectique de supranationalisme/sub-nationalisme. Alors que la mondialisation limite les pouvoirs de l'Etat, on assiste alors à un affermissement des forces historiques, religieuses, culturelles et ethniques. Dans le même ordre d'idées, les grands pays capitalistes sont de plus en plus intégrés économiquement tout en étant de plus en plus tournés sur eux-mêmes politiquement.

La mondialisation porte également en elle des tendances autodestructrices : la marchandisation de la société implique l'atomisation et peut-être même l'annihilation de la base sociale et culturelle sur laquelle repose l'édifice des institutions de marché.

Un grand nombre de solutions sont proposées dans la littérature afin de réconcilier la souveraineté et la mondialisation, de réduire les contraintes systémiques imposées par celle-ci sur la croissance économique des Etats tout en conservant ses effets bénéfiques. La grande majorité de ces propositions font intervenir une certaine « *ré-régulation* » visant à contrôler l'instabilité financière et à encadrer le marché par le biais de l'Etat, tout en repensant la nature de ce dernier.

Sont traités ici le problème d'Etat, la réforme des marchés financiers, l'Etat et le marché, la régulation et la gouvernance mondiale.

6.2.1. Problème d'Etat

La mondialisation comme *processus d'intégration* du monde met en face des Etats d'autres acteurs, qui par leurs actions deviennent de plus en plus incontournables. Mais il reste vrai que l'Etat au titre du sujet du Droit International et d'acteur au sein du *système-monde*, en constitue l'unité fondamentale.

Les relations entre Etats en sont en fonction des intérêts, et au sein de la mondialisation l'on assiste à un rapport de force entre les Etats, qui sont livrés dans un terrain de compétition imparable. A cet effet, la nécessité de constituer un Etat fort s'impose. Plusieurs acteurs ont émergé à côté des Etats, mais ces derniers restent irremplaçables.

L'Etat peut être défini en rapport avec la notion de la souveraineté. Elle est intérieure en ce qui a trait au pouvoir lui dévolu sans une force contraignante qui lui soit supérieure. Et est extérieure en rapport avec sa reconnaissance de représentation dans le concert des nations. Mais, cette souveraineté devient aliénée tenant compte des normes internationales et traités dûment ratifiés ayant prééminence sur la législation nationale, ce faisant en principe sans injonctions aucunes.

Comme processus avançant à grande vitesse, aucun Etat ne sait plus stopper la mondialisation. Il faut donc faire avec. Pour ainsi profiter d'elle, l'Etat doit être capable de défendre sa souveraineté. Cette défense passe par la qualité des institutions et de ses animateurs : d'où l'éloge d'un Etat fort. Car un Etat faible vit en raison de ce que veulent les puissants. En lieu et place de demeurer spectateur, il faut migrer vers la qualité de joueur au sein des jeux complexes dans le monde.

La question sur les institutions d'Etat, est éminemment politique où les élites locales et averties doivent s'y pencher. Il s'agit d'adapter les institutions en termes des besoins réellement ressentis par le peuple, en lieu et place de celles qui sont importées et exclusivement orientées vers la prédation comme on le voit pour le cas de la RDC. Ces institutions doivent être productives et inclusives car porteuses de la prospérité, alors que celles que nous avons héritées, maintenues et renforcées ont prouvé leurs limites dans le développement recherché. Elles sont exclusives et extractives. Il y a donc un grand travail à réaliser au niveau de l'Etat dans le but de les désinstaller voire dynamiter.

Les institutions sont dynamiques et doivent s'adapter aux enjeux. Si les puissants USA bénéficiaires de la mondialisation, et après avoir favorisé et entretenu les inégalités dans leur cadre, reviennent pour renforcer leurs capacités nationales, que dire de la RDC ? Tout doit être reposé sur les actions qu'accomplit un Etat en termes des politiques publiques. Les appareils de l'Etat au-delà de la conception marxiste, doivent être aux services de toute la communauté. La nécessité aussi de bâtir un Etat avec une économie forte reste capitale, en lieu et place de la soumettre à l'extraversion et à la rente minière. A cela, à côté d'un Etat responsable et capable, l'économie, problème politique, devra être soumis à un fort pouvoir centralisateur, monnaie comprise. Cette centralisation sur le plan économique, permet à l'Etat d'avoir un contrôle suffisant sur toutes les entrées et sorties, au lieu de rester à la merci comme c'est le cas en RDC et à la dépendance des produits venant d'ailleurs, selon la magique maxime ricardienne *d'avantages comparatifs* où pour besoin des bénéfices économiques et maximisation, l'importation vaut que la production locale en termes des coûts. Conséquence, on reste soumis à la loi de l'offre et de la demande, enrichissant l'étranger au détriment de sa nation suivi de la fuite des capitaux.

L'Etat reste donc irremplaçable, car toutes les transformations intervenues ont été faites sous son impulsion et dans son cadre. Il faut donc renforcer son déterminant rôle, en rejetant courageusement et intelligemment toutes les idéologies occidentales allant dans le sens de le remplacer par d'autres acteurs ultra partisans.

Il est impérieux de réformer les marchés financiers comme je le propose au point suivant.

6.2.2. Réformer les marchés financiers

Selon plusieurs auteurs, la mondialisation financière, c'est-à-dire la déréglementation dans ce secteur, est allée trop loin trop vite, ajoutant ainsi à l'instabilité financière inhérente à un système de taux de change flottants. Il est parfois mentionné dans la littérature sur la mondialisation que « *plus un seul Etat n'est en mesure de contrôler le mouvement des flux de capitaux autour du globe* ».[198]

---

[198] HELD D. et al., *Op. Cit.*, p.53.

En fait, les pays en voie de développement sans puissance financière, sont beaucoup plus vulnérables que les pays développés de faire les frais de l'instabilité financière en raison de la fragilité de leurs monnaies et du rôle toujours plus important de l'investissement étranger dans le processus de leur croissance économique. La crise asiatique de 1997, la crise financière mondiale de 2008, la crise COVID-19, ont eu des répercussions sur l'ensemble de la planète et sauvées par les interventions politiques des Etats. Elles ont constitué un sérieux avertissement quant aux dangers liés à une mobilité excessive du capital. Giron A. et Corre E.,[199] vont jusqu'à considérer cette crise (2008) comme « *un signe avant-coureur d'une crise économique mondiale semblable à celle des années 1930* ».

Il n'est donc pas surprenant que les suggestions concernant les moyens de réduire l'instabilité financière se soient multipliées ces dernières années. Ces suggestions se divisent en deux catégories pour Miskin F.S.,[200] et Kim H.M., :[201] « *le retour d'un certain contrôle sur les flux de capitaux et la réforme des institutions économiques et financières internationales* ». En effet, il revient aux Etats au titre des régulateurs des marchés financiers tout en respectant la liberté des capitaux privés de bien réguler. Il s'agit donc là du déterminisme de l'Etat en termes d'irremplaçable comme ce qu'avaient fait les USA face à la crise financière de 1930 et 2008, voire face à la COVID-19.

Contrôles des flux de capitaux

Il existe deux types de contrôle sur les mouvements transfrontaliers de capitaux : les contrôles sur les entrées de capitaux et les contrôles sur les sorties de capitaux.

Les partisans d'une certaine forme de restriction sur les sorties de capitaux proposent de n'y recourir que pour atténuer les effets d'une attaque spéculative. Suite à la crise asiatique, l'adoption d'une telle politique en situation d'urgence, étant

[199]GIRON A. et CORRE E., *Op. Cit.*, p.210.
[200]MISHKIN F.S., *Global financial instability: framework, events, issues*, in *Journal of Economic Perspective*, vol. 13, n°4, 1999, p.10.
[201]KIM H.M., *Globalization of international financial markets: causes and consequences,* Aldershot, Hants, England; USA: Ashgate, 1999, pp.36-51.

d'avis qu'il s'agit là du choix le moins pire compte tenu des effets souvent désastreux de l'alternative, qui consiste à modifier les taux de change ou les taux d'intérêts. L'objectif des contrôles sur les entrées de capitaux est quant à lui de décourager les entrepreneurs nationaux qui se fient de façon excessive sur les emprunts à court terme, situation à l'origine de plusieurs attaques spéculatives dans le passé.

De mai 1992 à mai 1998, le Gouvernement chilien exigeait un dépôt d'un an sans intérêts équivalent à 30 % de la valeur initiale de tout investissement étranger (à de rares exceptions près). Le dépôt étant retenu pendant un an, le taux de taxation imposé par cette restriction est plus élevé pour un investissement à court terme que pour un investissement à long terme.

Le degré d'efficacité de deux types de contrôle sur les flux de capitaux et en est arrivé à la conclusion qu'ils donnent des résultats au mieux mitigés et qu'ils sont au pire inefficaces et créent de nouveaux problèmes. Les contrôles sur les sorties de capitaux sont particulièrement néfastes puisqu'ils sont généralement faciles à contourner et encouragent la corruption, les investisseurs étrangers étant prêts à payer des pots de vin aux fonctionnaires locaux afin de rapatrier des sommes importantes. C'est dans cette logique que la RDC s'aligne avec un système de justice peu rassurant.

Les contrôles sur les entrées de capitaux, tels qu'appliqués par le Chili, semblent avoir contribué à réduire l'instabilité boursière bien qu'ils ne soient pas parvenus à isoler le pays des effets de la crise asiatique de 1997 à 1999. Les restrictions imposées par le Gouvernement chilien ont également provoqué une hausse du prix du capital affectant davantage les petites et moyennes entreprises, celles-ci ne disposant d'aucun moyen pour se soustraire aux contrôles.

Ainsi, dès les années 1970, il s'est manifesté l'imposition d'une faible taxe sur tous les mouvements de capitaux internationaux afin de réduire la spéculation à court terme. Longtemps ignorée par le milieu économique, cette solution a connu un regain de popularité ces dernières années. Le principal inconvénient associé à cette proposition est qu'une telle mesure, pour être efficace, devrait être appliquée simultanément par tous les pays, ce qui est politiquement et techniquement impossible à l'heure actuelle compte tenu du faible degré de coopération internationale dans ce domaine.

Réforme des Institutions Financières Internationales

Après avoir compris que les institutions financières internationales étaient au service du capitalisme du désastre, « *certains pays latino-américains ont organisé l'audit sur leur dette extérieure, payé leur part avant de rompre leurs liens avec le FMI et la Banque Mondiale* ».[202] Cet état de chose conditionne une réforme.

Les propositions de réforme des institutions financières internationales ou encore de création de nouvelles institutions ont comme premier objectif de réduire l'instabilité financière internationale, tout comme les suggestions de contrôle des flux de capitaux. Certaines d'entre elles traduisent cependant le projet plus ambitieux de remodeler des pans entiers du système économique international.

Il y a des contraintes sur les pays en développement, à modifier leurs institutions au moment où leur économie et leur société sont en pleine crise. C'est une approche plus axée sur l'anticipation stratégique qui apparaît nécessaire afin d'éduquer et de guider les pays dans une perspective à long terme.

Compte tenu du fait que les normes et pratiques de la mondialisation ont été conçues dans les pays développés et que les institutions sont le résultat de longs processus d'évolution et d'adaptation, le FMI doit mettre en place de meilleurs mécanismes institutionnels dans les pays en crise.

Que dire de l'Etat et le marché ?

6.2.3. Etat et marché

L'importance de l'Etat en ce qui concerne l'encadrement du marché n'est plus à démontrer et est une nécessité. De « *l'Etat minimal* » nécessaire au fonctionnement du capitalisme à l'Etat-Providence né de l'évolution du

---

[202]KLEIN N., *La stratégie du choc. La montée du capitalisme du désastre*, Actes Sud, Paris, 2008, p.45.

processus démocratique (à travers lequel les électeurs ont pu revendiquer les droits socio-économiques), il existe des combinaisons associatives entre l'Etat et le marché.

En fait, le défi actuel consiste à réinventer l'Etat dans une économie mixte. Le marché autorégulateur mondialisé demeurera « *une utopie tant qu'il y aura des oligopoles et monopoles cherchant systématiquement à réduire la concurrence plutôt qu'à la promouvoir* ».[203] Dans une perspective de développement durable, le marché n'a donc pas de perspective à long terme et ne peut fonctionner de manière efficiente que si l'Etat est renforcé et responsable pour créer l'environnement institutionnel et concurrentiel favorable à la croissance économique.

La ré-régulation dans ce contexte a comme objectif d'associer à l'efficience du marché une perspective à long terme et une éthique de responsabilité. Sous la pression populaire, certaines entreprises multinationales privées ont créé leur propre code d'éthique et de conduite afin de développer un comportement plus respectueux de leurs filiales à l'étranger envers la main-d'œuvre et les ressources locales.

Après avoir analysé plusieurs de ces codes, Diller J.,[204] conclut à leur manque de fiabilité, précise que « *les initiatives du secteur privé manquent souvent de transparence* ». Elles ne comportent pas de méthodes de contrôle sûres qui produisent des résultats comparables.[205] En s'écartant des objectifs publics de justice sociale, elles pourraient même aller à l'encontre des efforts que les Etats font pour améliorer le régime du travail, développer l'emploi, libéraliser les échanges et répartir équitablement, au bout du compte, les fruits de l'activité économique. On peut craindre enfin qu'elles ne pénalisent les producteurs des pays en voie de développement en leur

---

[203]VALDMAN E., *Demain, l'Occident* !, L'Harmattan, Paris, 2013, p.96.

[204]DILLER J., *Responsabilité sociale et mondialisation : qu'attendre des codes de conduite, des labels sociaux et des pratiques d'investissements* ?, in *Revue internationale du Travail*, vol. 138, n°2, 1999, p.132.

[205]La violation du SMIG par les employeurs privés (surtout expatriés indo-pakistanais) a été à la base des mouvements d'arrêt de travail et de protestation à Kinshasa (RDC) en 2019.

imposant, avec des procédures de contrôle et de certifications, des charges additionnelles ou d'autres contraintes.

Au-delà du rôle traditionnel des Gouvernements en ce qui a trait au maintien des conditions propices au développement de l'économie de marché (assurer la stabilité macroéconomique et créer un environnement institutionnel favorable), l'accent, devra être mis sur l'importance de la « *bonne gouvernance* » au service de la nation pour être en mesure de bénéficier des avantages de la mondialisation.

La mondialisation a considéré la compétitivité comme premier objectif des Etats et les suggestions concernant leur futur rôle sont souvent justifiées dans une optique d'instrumentalisation de l'appareil gouvernemental par le marché.

L'on est alors tenté quant à la problématique du nouveau rôle de l'Etat, de proposer un paradigme tout à fait différent en favorisant une transformation démocratique de l'Etat plutôt que de se limiter à sa transformation compétitive. Plus concrètement, il s'agit d'adapter ce vécu démocratique selon l'entendement local privilégiant sa culture et ses intérêts (surtout stratégiques).

Alors, le projet de « *gestion du commerce* » constitue une alternative intéressante aux options habituelles d'interventionnisme étatique, mais n'est pas réalisable sans une coopération importante entre les Etats puisqu'un certain degré de contrôle sur le commerce et les mouvements de capitaux serait indispensable. Les perspectives pour une coopération internationale à la mesure des problèmes globaux associés à la mondialisation ne semblent pas très bonnes, du moins à court terme.

Il faut envisager une régulation de la gouvernance mondiale.

6.2.4. Régulation et gouvernance mondiale

Le processus de mondialisation étant inégal et asymétrique, il est primordial d'arriver à le contrôler par une forme de régulation internationale. L'Etat seul ne suffit pas à la tâche compte tenu de sa sphère de juridiction limitée et de l'ampleur planétaire des problèmes assortis à la mondialisation.

Deux des plus grands enjeux mondiaux, comme la recherche technologique et l'environnement, par exemple, sont de nature « planétaire » et les Etats ne seront en mesure d'y faire face que par action coordonnée.

La gouvernance mondiale équilibrée pourrait bien « *constituer le chaînon manquant, celui qui s'impose pour pouvoir exploiter et gérer la mondialisation induite par le marché afin que tout le monde ait à gagner et qu'il n'y ait pas de grands perdants à ce jeu* ».[206]

Alors que la notion de Gouvernement mondial relève toujours de la science-fiction, celle de la gouvernance mondiale sous-entend que les fonctions gouvernementales peuvent s'exercer sans institution centrale. Cette perspective plus réaliste laisse donc envisager un rôle accru pour les Organisations Internationales Gouvernementales (OIGs) dans lesquelles les Etats souscrivent souverainement. Ce système, devrait cependant être réformé. A vrai dire, une certaine forme de gouvernance mondiale (très faible) existe déjà : un nombre croissant de décisions concernant les affaires internationales sont prises dans seulement quelques enceintes, telles le G8, le Conseil de Sécurité et le FMI.

La « *gouvernance* » ne concerne ici qu'un nombre très limité d'Etats qui se rencontrent de façon intermittente, et force est d'admettre que « *la majorité des décisions liées aux problèmes mondiaux se prennent encore dans les capitales nationales* ».[207]

Le transfert de pouvoirs vers les OIGs n'apporte toutefois en rien la solution au problème de déficit démocratique. De par leur nature, elles n'ont jamais été un haut lieu de la démocratie et cela reste vrai aujourd'hui. L'accroissement du nombre de décisions devant être prises par des instances internationales risque de creuser le déficit

---

[206]VALASKAKIS K., *art. cit.*, p.183.
[207]- THOMPSON G., *art. cit.*, p.160.
- STIGLITZ J.E., *Le rapport Stiglitz... Op. Cit.*, pp.193-232.

démocratique même si la gouvernance mondiale s'en trouve ainsi améliorée. Les enceintes internationales auront elles suffisamment d'incitatifs pour s'engager à résorber les inégalités mondiales si les populations concernées ne peuvent s'exprimer sur ce sujet par le biais de la démocratie ? Qu'arriverait-il si le seuil de l'opérabilité des exclus était franchi ?

La prolifération d'Organisations Non-Gouvernementales (ONGs) depuis les années 1980 pourrait indiquer l'existence d'une volonté populaire de contourner les OIGs afin de promouvoir des causes négligées par ces dernières et de participer directement aux solutions de problèmes internationaux. Une telle mobilisation « par le bas » pourrait constituer un facteur important de démocratisation dans l'ordre mondial émergent. Mais en dépit de l'attention dont jouissent certaines ONGs telles Greenpeace et Amnesty International, etc. leur impact sur la grande scène politique et économique internationale demeure toutefois négligeable. Du fait que l'Etat ne peut pas être remplacé, il se pose donc réellement le problème de sa responsabilité face aux complexes enjeux mondiaux dont les problèmes semblent être pris en charge (mais avec résultats non escomptés) par d'autres acteurs.

La mondialisation en général, pour les Etats dits sous – développés, est chimérique. Face à cet état de choses, seule, la mobilisation des intelligences permet le changement de paradigme. Ce changement, tout en étant de nature structurelle autour de l'Etat, doit tout aussi intégrer la dynamique internationale dans la restructuration des institutions de production de l'ordre international.

Conclusion générale

La mondialisation telle qu'elle se présente aujourd'hui n'est qu'une nouvelle forme de domination et d'exploitation de la périphérie par le centre. Le prétexte trouvé est la lutte contre la pauvreté. Compte tenu de son aspect pluriel, toutes les tendances soulevées autour de la problématique de la mondialisation, arrivent à soutenir que ce concept a créé et continue à créer des controverses. Lesquelles, sont avantageuses pour les faiseurs des jeux mondiaux et désavantageuses pour les spectateurs. Comme nouvelle façon de vouloir garder les pays périphériques à leur statuquo sous-développemental, la mondialisation reste ce phénomène à dimension économique où elle agit en économicisme. De ce fait, elle reste anti-humanitariste au- delà de tous les beaux prétextes avancés.

Il sied tout de même de constater que la mondialisation s'est bien accompagnée par la pensée capitaliste. Celle-ci l'œuvre américaine, s'intéresse aux Etats parce qu'ils assurent la sécurité et l'ordre, indispensables à leurs investissements. Cette œuvre démontre ainsi, comment ce nouvel antigel est tenu par les USA. De ce fait, la vague démocratique n'a fait que suivre cet élan à l'américaine.

En tant qu'élément essentiel de considération d'un Etat, la souveraineté est confrontée à la mondialisation. Garantie par la Charte de l'Organisation des Nations Unies, la souveraineté doit être égale pour tous les Etats. Cette souveraineté permet à l'Etat de jouir de tous les privilèges comme tous les autres Etats. Il s'agit donc de l'indépendance de l'Etat qui ne peut subir aucune autre force pour la contraindre sans son consentement. Bref, de la souveraineté dans l'Etat et de l'Etat. C'est cette qualité qui donne la possibilité à l'Etat de disposer de lui-même. Mais dans le cadre de la préservation de la paix et de la sécurité internationales, cette souveraineté peut subir quelques attaques. Et ceci se fait soit sur sollicitation dûment certifiée par l'Etat menacé soit pour raisons humanitaires. Il s'agit là du droit d'ingérence dans le cadre de l'ONU. Mais il est constaté que cette pratique d'ingérence est souvent utilisée par les Etats du centre créant des situations de chao leur permettant de contrôler les politiques des Etats de la périphérie. C'est à cette logique que souscrivait le Président vénézuélien Nicolas Maduro refusant les *prétendues aides humanitaires* notamment américaines pour échapper à leurs soumissions au profit de leur valet et protégé autoproclamé Président de la République Juan Gaido.

L'idéal étant de voir les Etats en étroite égalité, il est évident de constater que le poids pour un Etat influence sa souveraineté. Déjà au sein même de l'organisation mondiale, le déséquilibre se crée. Tel que le droit de veto réservé aux seuls cinq Etats membres permanents du Conseil de Sécurité. Tout ceci passe par le poids économique d'un Etat. N'est-ce pas le Général Charles de Gaulle traitait en son temps l'ONU de « *machin au service des USA* » ? Il y a à ce sujet le déficit démocratique ! Tout ceci démontre que le principe d'égalité souveraine des Etats n'est qu'un mot de lèvre. Alors les efforts des Etats fragiles doivent se focaliser dans la consolidation de leur puissance pour s'affirmer une place de choix dans le concert de nations.

L'Etat comme acteur privilégié des relations internationales, reste aussi capital dans le jeu mondialisé. Le pouvoir de l'Etat semble subir plusieurs menaces à cause de la mondialisation. C'est dans ce cadre que l'on estime l'aspect économique tout comme d'autres de ses aspects jouant un rôle déterminant dans la menace de la souveraineté étatique. Tout ceci, passant aussi par des impositions au travers des Institutions Financières Internationales. C'est ainsi que les capacités de l'Etat sont appelées à se restructurer pour s'adapter au phénomène mondialisation au-delà des faits déstabilisateurs de la souveraineté. Comme dit précédemment, la mondialisation s'accompagne avec la démocratie telle que voulue par l'Occident. C'est donc la nouvelle vision du monde après la fin de la guerre froide.

Pour que cette démocratie ne soit pas une cause d'effondrement de souveraineté des Etats, il est nécessaire de la fonder sur le principe de rendre compte aux détenteurs souverains du pouvoir. Cette relation n'exclut point la coopération que doit entretenir l'Etat avec d'autres acteurs de même nature ou d'autre nature.

La mondialisation telle qu'elle se présente de nos jours, est un effort mesuré des Etats du Nord tendant à maintenir leur place hégémonique au sein du système-monde. Tout en se constituant en obstacle pour les Etats en développement, la mondialisation peut en même temps être considérée comme une chance. Elle est seulement chance pour les Etats qui arrivent à saisir les différents enjeux planétaires. C'est pourquoi, pour tenter de concilier ce phénomène à l'égalité souveraine des Etats, les efforts politiques des Etats sont plus que déterminants.

Le bilan de la mondialisation reste mitigé. Elle favorise bien sûr un transfert de la technologie, mais crée de profonds fossés en rapport avec l'égale souveraineté des Etats. Cette réalité vaut de même pour la répartition des revenus au sein du système-monde. La mondialisation tente de plus en plus à effacer la présence de l'Etat par des apports économicistes et financiers, et appuyés en même temps par des ONGs. Mais force est de constater que l'Etat reste incontournable dans les missions qui sont les siennes. C'est ainsi que toutes les politiques publiques doivent tendre à renforcer les capacités de l'Etat dans un système de concurrence pour garantir sa souveraineté menacée par la mondialisation et faire d'elle (mondialisation) une chance et non une chimère ; d'autres Etats dont la Chine ayant su tirer leur épingle du jeu. De ce fait, la requalification de la RDC sur des bases responsables est capitale, pour lutter contre sa balkanisation. Rebâtir la Nation tenant compte des besoins internes au détriment des externes s'avère nécessaire.

Le défi du repositionnement de la RDC après l'échec des politiques internes, au regard de la construction actuelle du nouvel ordre mondial, s'avère impérieux pour l'élite intellectuelle. Elle doit revisiter les processus historico-économico-politiques qui ont conduit à son émergence comme Etat moderne. Aussi, il importe de s'interroger sur la portée réelle de la mondialisation et de son impact sur le processus de la construction d'un Etat fort. La scène internationale aussi devra subir certaines restructurations permettant un équilibrage au niveau de la souveraineté. Ceci touche les organisations internationales, voire le système même de l'ONU.

Bibliographie

- AL GORE, *Le futur. Six logiciels pour changer le monde*, Nouveaux horizons, Paris, 2013.
- ALLEGRET J.P. et LEMERRER P., *Economie de la mondialisation. Opportunités et fractures*, De Boeck, Paris, 2012.
- AMIN S., *Impérialisme et sous-développement en Afrique*, Anthropos, Paris, 1998.
- AMIN S., *L'Empire du chaos. La nouvelle mondialisation capitaliste*, L'Harmattan, Paris, 1991.
- AMIN S., *Les défis de la mondialisation*, L'Harmattan, Paris, 1997.
- ARTAUD G. et BENAROYA F., *La concurrence, ennemie de l'emploi ?*, *Problèmes économiques*, n° 2.550, in *Revue Commentaire*, n°78, 1998.
- ATTALI J., *Demain, qui gouvernera le monde ?*, Fayard, Paris, 2011.
- AYOUB A., « La libéralisation des marchés de l'énergie : utopie, théories et pragmatisme », in *Revue de l'Energie*, 1998.
- AYOUB A., *Economie du développement*, Green-Université Laval, Québec, 1998.
- BADIE B. et VIDAL D. (sous la direction de), *Puissances d'hier et de demain. L'état du monde en 2014,* La Découverte, Paris, 2013.
- BAIROCH P., *Mythes et paradoxes de l'histoire économique*, La Découverte, Paris, 1994.
- BAKANDEJA G., *Le Droit du Commerce International : les peurs justifiées de l'Afrique face à la mondialisation des marchés*, Deboeck, Paris, 2001.
- BETTATI M., *Le droit d'ingérence*, Ed. De noël, Paris, 1978.

- BEZBAKH P., *Histoire de l'économie. Des origines à la mondialisation*, Larousse, Paris, 2008.
- BIYOYA P., *Quête africaine de l'ordre mondial. Portée et limites des voies d'insertion au système international du monde bipolaire*, L'Harmattan, Paris, 2014.
- BOBBIO N., *Libéralisme et démocratie*, CERF, Paris, 1996.
- BOILLOT J.J. et DEMBINSKI S., *Chindiafrique. La Chine, l'Inde et l'Afrique feront le monde demain*, Odile Jacob, Paris, 2014.
- BONGELI E., *Education en République Démocratique du Congo. Fabrique de cerveaux inutiles ?*, L'Harmattan, Paris, 2015.
- BONGELI E., *D'un Etat bébé à un Etat congolais responsable*, L'Harmattan, Paris, 2008.
- BONGELI E., *La Mondialisation, l'Occident et le Congo-Kinshasa*, L'Harmattan, Paris, 2011.
- BONIFACE P., *Comprendre le monde. « Les Relations Internationales expliquées à tous »*, 4ème édition, Armand Colin, Paris, 2017.
- BONT W. (de), *La mondialisation et l'Afrique*, in *Mondialisation vue du Sud*, 2000.
- BREWSTER C.D., *La Politique étrangère américaine ou l'obligation de cohérence*, Economica, Paris, 1998.
- BUZAN B. et LITTLE R., *Beyond Westphalia? Capitalism after the Fall*, in *Review of International Studies*, 2000.
- COHEN D., *La mondialisation et ses ennemis*, Grisset, Paris, 2004.
- COLLON M., *Les 7 péchés d'Hugo Chavez*, Investig'Action-Couleur livres, Bruxelles-Charleroi, 2009.
- DEMANGE A., *Le Droit d'ingérence ou la souveraineté des Etats*, Mémoire de Master, Institut d'Etudes Politiques de Lyon, Lyon, 2001.

- DIDIER M., *Libre-échange et organisation du commerce international : les enseignements de la théorie*, in *Problèmes économiques*, n°2.415-2.416, in *Revue de Rexecode*, n°42, 1995.
- DILLER J., *Responsabilité sociale et mondialisation : qu'attendre des codes de conduite, des labels sociaux et des pratiques d'investissements ?*, in *Revue internationale du Travail*, vol. 138, n°2, 1999.
- DOBRESCU P., *La ruse de la mondialisation. L'assaut contre la puissance américaine*, L'Harmattan, Paris, 2015.
- Dossiers de L'état du monde, *Mondialisation, au-delà des mythes*, La Découverte & Syros, Paris, 1997.
- DRUCKER P.F., *L'intégration à l'économie mondiale, facteur de croissance*, in *Problèmes économiques*, n°2.415-2.416, in *Trade lessons from the World economy*, *Foreign Affairs*, vol.73, n°1, 1995.
- DUPEYRAT P., *Mondialisation et patriotisme économique. Quand l'Etat s'invite dans les secteurs stratégiques*, Jacques-Marie Laffont, Paris, 2015.
- DUPUY P.M., *La responsabilité internationale des Etats pour les activités d'origine technologique et industrielle*, Pédone, Paris, 1976.
- DUPUY P.M., *Droit International Public*, 4ème éd., Dalloz, Paris, 1998.
- EMMOTT B., *Le retour en grâce des multinationales*, *Problèmes économiques*, The Economist, New-York, 1995.
- EVANS P., *La rhétorique de la mondialisation*, *Problèmes économiques*, n°2.611-2.612, in *The Eclipse of the State ?*, *World Politics*, n°50, octobre 1997.
- FEENSTRA R.C., *Integration of trade and disintegration of production in the global economy*, *The Journal of Economic Perspective*, vol. 12, n°4, 1998.
- FERRANDERY J.L., *Le point sur la mondialisation*, Presses Universitaires de France, Paris, 1998.

- FONTANEL J., *La globalisation en « analyse » géoéconomie et stratégie des acteurs*, L'Harmattan, Paris, 2005.
- FUKUYAMA F., *State Building. Gouvernance et ordre du monde au XXIème siècle*, La Table Ronde, Paris, 2005.
- FWELEY DIANGITUKWA, *Géopolitique, intégration régionale et mondialisation*, L'Harmattan, Paris, 2006.
- GAUTHIER A., *D'une mondialisation à l'autre. L'économie mondiale du début du XXème siècle à nos jours*, Bréal, Paris, 2013.
- GAUTIER L., *Face à la guerre*, La Table Ronde, Paris, 2006.
- GIDDENS A., *The consequences of modernity*, Polity Press, Cambridge, 1990.
- GIRAUD P.N., *L'inégalité du monde*, Gallimard, Paris, 1996.
- GIRAUD P.N., *Libre-échange et inégalités, Problèmes économiques*, Gallimard, Paris, 1995.
- GIRON A. et CORREA E., *La mondialisation des marchés financiers : déréglementation et crises financières*, in *Revue Internationale des Sciences Sociales*, n°160, 1999.
- GOTO A. et BAKER B., *Les deux faces de la mondialisation : de petites économies ouvertes dans un monde de plus en plus interdépendant*, in *Revue Internationale des Sciences Sociales*, n°160, 1999.
- HARBULOT C., *La main invisible des puissances. Les Européens face à la guerre économique*, Ellipses, Paris, 2007.
- HELD D. et al., *Global Transformations*, Stanford University Press, Stanford, 1999.
- HIERNAUX-NICOLAS D., *Fondements territoriaux du libéralisme contemporain*, in *Revue Tiers Monde*, Tome XL, n° 157, 1999.

- HIRST P. et THOMPSON G., *Globalization in questions: the international economy and the possibilities of governance*, Polity Press, Cambridge, 1996.
- HUGON P., *Le consensus de Washington en questions*, in *Revue Tiers Monde*, Tome XL, n°157, 1999.
- JACQUET P., *Etats-Unis : une politique étrangère criminelle*, Alphée, Monaco, 2010.
- JONES C.I., *On the evolution of the world income distribution*, in *The Journal of Economic Perspective*, vol.11, n°3, 1997.
- JOXE A., *L'empire du chaos. Les Républiques face à la domination américaine dans l'après-guerre froide*, La Découverte, Paris, 2002.
- KABUIKA J., *La République Démocratique du Congo dans le monde*, L'Harmattan, Paris, 2023.
- KABUIKA J. et MPEMBELE L., *Patriotisme et reconstruction de la République Démocratique du Congo*, in *CRIDUPN*, n°063b (2015), Avril-Juin 2015, PUPN, Kinshasa, 2015.
- KAKI KEBAKENTANE R., *Matérialisme: quel avenir en République Démocratique du Congo face au défi de la mondialisation ?*, in Mulambu Mvuluya F. (sous la direction de), *Mondialisation et idéologies. L'avenir des grands courants de pensée*, CEP Kinshasa, Kinshasa, 2003.
- KAMBAYI J., *Monde et non monde dans la mondialisation*, Eugemonia, Kinshasa, 2011.
- KANKWENDA J. et MUKOKA F. (sous la direction de), *La République Démocratique du Congo face au complot de balkanisation et d'implosion*, ICREDES, Kinshasa-Montréal-Washington, 2013.
- KANKWENDA J., *Marabouts ou marchands du développement en Afrique?*, L'Harmattan, Paris, 2000.
- KATEB A., *Les nouvelles puissances mondiales. Pourquoi les BRICS changent le monde*, Ellipses, Paris, 2011.

- KHERDJEMIL B., *Territoires, mondialisation et redéveloppement*, in *RERU*, 1999.
- KHOURI N., *Libéralisme et démocratie,* in *Revue Tiers Monde*, Tome XL, n°157, 1999.
- KIM H.M., *Globalization of international financial markets: causes and consequences,* Aldershot, Hants, England; USA: Ashgate, 1999.
- KISSINGER H., *La nouvelle puissance américaine*, Fayard, Paris, 2003.
- KLEIN N., *La stratégie du choc. La montée du capitalisme du désastre*, Actes Sud, Paris, 2008.
- KOUCHNER B. et BETTATI M., *Le devoir d'ingérence. Peut-on les laisser mourir ?*, Denoël, Paris, 1987.
- KOUCHNER B., *Le malheur des autres*, Odile Jacob, Paris, 1991.
- KRUGMAN P.R., *Pourquoi les crises reviennent toujours*, Nouveaux Horizons, Paris, 2009.
- Krulic B., *La Nation. Une idée moderne*, Ellipses, Paris, 1999.
- Kuengienda M., *L'Afrique doit-elle avoir peur de la mondialisation ? Approche géopolitique du développement durable*, L'Harmattan, Paris, 2004.
- Kuttner R., *Can the global economy be a mixed economy? Proceedings of the American Philosophical Society*, vol. 143, n°2, 1999.
- L'Hériteau M.-F., *Le Fonds Monétaire International et les pays du Tiers-Monde*, PUF, Paris, 1986.
- Lénine, *L'impérialisme, stade suprême du capitalisme*, Editions Sociales et Edition du Progrès, Paris-Moscou, 1971.
- LIU Z., (sous la direction de), *La Chine innove. Politiques publiques et stratégies d'entreprises*, L'Harmattan, Paris, 2014.
- MARISTELLA Svampa, *Reconfiguration du clivage Nord-Sud et géographie de l'«extraction»*, in *Alternatives*

Sud, Volume 23-2016/2, *Obsolète, le clivage Nord-Sud ? Points de vue du Sud*, CETRI/Syllepse, Louvain-la-Neuve/Paris, 2016.

- MCGREW A., *The transformation of democracy*, The Open University, Cambridge, 1997.
- MELO J. (de) et GRETHER J.M., *Commerce international : Théories et applications*, De Boeck ET Larcier, Paris-Bruxelles, 1997.
- MICHALET C.A., *Le capitalisme mondial*, Presses Universitaires de France, Paris, 1998.
- MISHKIN F.S., *Global financial instability: framework, events, issues*, in *Journal of EconomicPerspective*, vol. 13, n°4, 1999.
- MISTRAL J., *Echanges internationaux et croissance*, *Problèmes économiques*, n°2.415-2.416, 15-22 mars 1995, in *Après-demain*, n°362, 1994.
- MITTELMAN J.H., *Globalization, critical reflections, International Political Economy Yearbook*, volume 9, Lynne Rienner Publishers, Boulder et Londres, 1996.
- MUCCHEILLI J.L., *Multinationales et mondialisation*, Seuil, Paris, 1998.
- MULUNGULA E., *Les enjeux des conflits dans la région des Grands Lacs. Des indépendances à nos jours*, COMPODOR, Kinshasa, 2008.
- MUTUNDA P. (sous la direction de), *Les enjeux de la mondialisation pour l'Afrique*, Loyola-Canisius, Kinshasa, 1998.
- NAYYEN D. (sous la direction de), *Governing globalization, issues and institutions*, Oxford University Press, Oxford, 2002.
- NGBANDA H., *Crimes organisés en Afrique Centrale. Révélations sur les réseaux rwandais et occidentaux*, Duboiris, Paris, 2004.
- NGODI E., *L'Afrique centrale face à la convoitise des puissances. De la Conférence de Berlin à la crise de la région des Grands Lacs*, L'Harmattan, Paris, 2010.

- NGUYEN E., *Les relations Chine-Afrique ? L'Empire du Milieu à la conquête du continent noir*, Studyrama Perspectives, Paris, 2009.
- Nguyen Q.D., PELLET A. et DAILLIER P., *Droit International Public*, 7ème éd., LGDJ, Paris, 2002.
- NORBERG J., *Plan, plaidoyer pour la mondialisation capitaliste*, L`Harmattan, Paris, 2005.
- OCDE, *Income distribution and poverty in selected OECD countries*, Economic department working papers n°189, 1998.
- ONANA C., *Holocauste au Congo. L'Omerta de la communauté internationale. La France complice ?*, L'Artilleur, Paris, 2023.
- OHMAE K., *The end of the Nation State*, Free Press, New-York, 1995.
- OUATARA A., *Les enjeux de la mondialisation pour l'Afrique*, in *Bulletin FMI*, New-York, 1997.
- PASSOU LUNDULA, *L'Occident et nous*, Editions Passou, Lubumbashi, 1998.
- PEAN P., *Carnages. Les guerres secrètes des grandes puissances en Afrique*, Fayard, Paris, 2010.
- PELLET A., *Les relations monétaires, Droit International, bilan et perspectives*, Tome 2, A. Pedone, Paris, 1991.
- PETIT P. et SOETE L., *La mondialisation en quête d'un avenir : un défi aux politiques nationales*, in *Revue Internationale des Sciences Sociales*, n°160, 1999.
- PEYREFITTE A., *La Chine s'est éveillée*, Fayard, Paris, 2000.
- PEYREFITTE A., *Quand la Chine s'éveillera... le monde tremblera*, Fayard, Paris, 1973.
- PRITCHETT L., *Divergence, big time*, in *Journal of Economic Perspective*, vol. 11, n°3, 1997.

- REVEL J.F., *L'obsession anti-américaine. Son fonctionnement, ses causes, ses inconséquences*, Plon, Paris, 2002.
- RICHER P., *L'offensive chinoise en Afrique*, Karthala, Paris, 2008.
- RUSSBACH O., *ONU contre ONU, Le Droit International confisqué*, La découverte, Paris, 1994.
- SALMON J., *Dictionnaire du Droit International*, Bruyant, AUF, Bruxelles, 2002.
- SARY B., *La problématique de l'émergence des économies africaines*, L'Harmattan, Paris, 2016.
- SCHLESINGER A.J., *Has democracy a future?*, *Foreign Affairs*, vol. 76, n°5, 1997.
- SENARCLENS P. (de), *La mondialisation : Théories, enjeux et débats*, IIIème éd. Armand Colin, Paris, 2002.
- SENARCLENS P. (de), *Mondialisation, souveraineté et théories des Relations Internationales*, Armand Colin, Paris, 1998.
- SINGH A., WEISSE L. et BRUCE A., *Le modèle asiatique : une crise sans surprise* ?, in *Revue Internationale des Sciences Sociales*, n°160, 1999.
- SMITH D.A. et al., *States and Sovereingty in the Global Economy*, Routledge, Londres and New-York, 1999.
- STIGLITZ J.E. et CHARLTON A., *Pour un commerce mondial plus juste*, Nouveaux Horizons, Paris, 2005.
- STIGLITZ J.E., *La grande fracture. Les sociétés inégalitaires et ce que nous pouvons faire pour les changer*, Babel, New-York, 2015.
- STIGLITZ J.E., *Le rapport Stiglitz. Pour une vraie réforme du système monétaire et financier international après la crise mondiale*, LLL, Paris, 2010.
- STIGLITZ J.E., *Un autre monde contre le fanatisme du marché*, Fayard, Paris, 2006.

- STRANGE S., *The retreat of the State: The diffusion of power in the world economy*, Cambridge University Press, Cambridge, 1996.
- TALMUD I., *The democratic State, globalization and privatization*, in *Democracy: the challenges ahead*, St. Anthony's Series, St. Martin's Press, New-York, 1997.
- TANGUY STRUYE DE SWIELANDE, *La Chine et les grandes puissances en Afrique. Une approche géostratégique et géoéconomique*, UCL Presses Universitaires de Louvain, Louvain-la- Neuve, 2010.
- THOMPSON G., *Introduction : situer la mondialisation*, in *Revue Internationale des Sciences Sociales*, n°160, 1999.
- TOBIN J., *Financial globalization, Proceedings of the American Philosophical Society*, vol. 143, n°2, 1999.
- TOURAINE A., *Qu'est-ce que la démocratie* ?, L'Harmattan, Paris, 1994.
- TOUSCOZ J.A., *Droit International*, PUF, Paris, 1993.
- TOUSSAINT E., *Banque mondiale, le coup d'Etat permanent. L'agenda caché du Consensus de Washington*, CADTM-CETIM-Syllepse, Paris, 2006.
- TREMBLAY M., *Le pays en otage : le financement de la dette publique*, Québec/Amériques inc., New-York, 1996.
- TREMBLAY R., *Pourquoi Bush veut la guerre. Religion, politique et pétrole dans les conflits internationaux*, Les Intouchables, Montréal, 2003.
- TSALA TSALA C.C. (sous la direction de), *L'Afrique dans le monde contemporain. Entre émancipation, néocolonialisme et recolonisation*, L'Harmattan, Paris, 2014.
- TSHIMANGA E., *L'Occident pour ou contre la démocratie en Afrique. Le cas du Congo-Zaïre*, L'Harmattan, Paris, 2005.

- VALASKAKIS K., *Le théâtre de la mondialisation : la scène, la distribution et l'intrigue de la pièce ont changé*, in *Revue Internationale des Sciences Sociales*, n°160, 1999.
- VALDMAN E., *Demain, l'Occident* !, L'Harmattan, Paris, 2013.
- VEDRINE H., *Rapport pour le Président de la République sur la France et la mondialisation*, Fayard, Paris, 2007.
- WEISS L., *Globalization and national governance : antinomy or interdependance* ?, in *Review of International Studies*, 2000.
- WILLIAMSON J.G., *Globalization and inequality, past and present*, *The World Bank Research Observer*, vol. 12, n°2, 1997.
- WU LI, SUI FUMIN et ZHENG LEI, *L'économie chinoise. Le rôle de la Chine dans l'économie mondiale*, Pages Ouvertes, Paris, 2014.
- ZIEGLER J., *Les nouveaux maîtres du monde. Et ceux qui leur résistent*, Fayard, Paris, 2002
- ZIEGLER J., *Main basse sur l'Afrique*, Seuil, Paris, 1978.

Table des matières

Structures éditoriales du groupe L'Harmattan

L'Harmattan Italie
Via degli Artisti, 15
10124 Torino
harmattan.italia@gmail.com

L'Harmattan Hongrie
Kossuth l. u. 14-16.
1053 Budapest
harmattan@harmattan.hu

L'Harmattan Sénégal
10 VDN en face Mermoz
BP 45034 Dakar-Fann
senharmattan@gmail.com

L'Harmattan Cameroun
TSINGA/FECAFOOT
BP 11486 Yaoundé
inkoukam@gmail.com

L'Harmattan Burkina Faso
Achille Somé – tengnule@hotmail.fr

L'Harmattan Guinée
Almamya, rue KA 028 OKB Agency
BP 3470 Conakry
harmattanguinee@yahoo.fr

L'Harmattan RDC
185, avenue Nyangwe
Commune de Lingwala – Kinshasa
matangilamusadila@yahoo.fr

L'Harmattan Congo
219, avenue Nelson Mandela
BP 2874 Brazzaville
harmattan.congo@yahoo.fr

L'Harmattan Mali
ACI 2000 - Immeuble Mgr Jean Marie Cisse
Bureau 10
BP 145 Bamako-Mali
mali@harmattan.fr

L'Harmattan Togo
Djidjole – Lomé
Maison Amela
face EPP BATOME
ddamela@aol.com

L'Harmattan Côte d'Ivoire
Résidence Karl – Cité des Arts
Abidjan-Cocody
03 BP 1588 Abidjan
espace_harmattan.ci@hotmail.fr

Nos librairies en France

Librairie internationale
16, rue des Écoles
75005 Paris
librairie.internationale@harmattan.fr
01 40 46 79 11
www.librairieharmattan.com

Librairie des savoirs
21, rue des Écoles
75005 Paris
librairie.sh@harmattan.fr
01 46 34 13 71
www.librairieharmattansh.com

Librairie Le Lucernaire
53, rue Notre-Dame-des-Champs
75006 Paris
librairie@lucernaire.fr
01 42 22 67 13

www.ingramcontent.com/pod-product-compliance
Lightning Source LLC
LaVergne TN
LVHW010926061026
849535LV00007B/2265